EBERHARD VON KOERBER

Die Staatstheorie des Erasmus von Rotterdam

Schriften zur Verfassungsgeschichte

Band 4

Die Staatstheorie
des Erasmus von Rotterdam

Von

Dr. Eberhard von Koerber

DUNCKER & HUMBLOT / BERLIN

Vorwort

Die Staatsphilosophie des ausgehenden Mittelalters und der beginnenden Neuzeit schuf jene geistigen Grundlagen, auf denen die großen Staatsphilosophen des 17. und 18. Jahrhunderts ihre Theorien errichteten. In jener Zeitwende hat besonders der Humanismus durch seine Besinnung auf den Geist der Antike und durch sein Bemühen, antikes Vernunftsdenken mit den mittelalterlich-christlichen Lehren zu vereinen, das neuzeitliche Staatsdenken vorbereitet. Es mag daher ein wissenschaftliches Bedürfnis nach einer Untersuchung bestehen, die sich mit der Staatstheorie des Erasmus von Rotterdam als des geistigen Hauptes des Humanismus im 15. und 16. Jahrhundert befaßt. Die Darstellung wird vielleicht auch deshalb Interesse finden, weil mit ihr zugleich ein Beitrag zur allgemeinen Erasmusforschung geliefert werden soll.

Mit der Abhandlung wird der Versuch unternommen, die Staatstheorie des Erasmus darzustellen und historisch zu erklären, ihr Verhältnis zur antiken und mittelalterlichen Staatsphilosophie aufzuzeigen sowie ihr Fortwirken zu beschreiben.

Die Arbeit, am 1. Juli 1966 abgeschlossen, hat der Juristischen Fakultät der Freien Universität Berlin im Herbst 1966 als Dissertation vorgelegen. Vielfachen Dank schulde ich Herrn Prof. Dr. Fritz Werner, Präsident des Bundesverwaltungsgerichts, Berlin, der die Arbeit angeregt und mit ständiger Anteilnahme und helfendem Rat gefördert hat. Besonders zu danken habe ich ferner Herrn Ministerialrat a. D. Dr. Johannes Broermann, der diese Abhandlung bereitwillig und mit großem Entgegenkommen in sein Verlagsprogramm aufgenommen hat.

Berlin-Lichterfelde, im Januar 1967

Eberhard von Koerber

Inhaltsverzeichnis

I. Zeitbild

Wie alle Zeitabschnitte europäischen Denkens ist auch die Staatstheorie des Erasmus zu begreifen als eine Antwort auf die geistesgeschichtlichen Prozesse, die politischen Ereignisse sowie die Entdeckungen und Erfindungen, durch die der Übergang vom 15. zum
16. Jahrhundert geprägt wurde. Dem erasmischen Staatsdenken als
Ausdruck des abendländischen Geistes in der Wende vom ausgehenden
Mittelalter zur Neuzeit liegen die geistigen Entwicklungsprozesse
dieser Zeit zugrunde, die ihrerseits Ausdruck der Geschichte des
Geistes und nicht lediglich Begleiterscheinungen der politischen und
sozialen Tatbestände sowie der zufälligen Begebenheiten sind[1]. So
vermag man die Staatstheorie des Erasmus nur dann richtig zu werten,
wenn man sie in Beziehung setzt zu den religiösen, philosophischen und
politischen Strömungen ihrer Zeit.

Es sind vorwiegend die Jahre 1500 bis 1520, in denen Erasmus seinem
weiten europäischen Leserkreis seine Gedanken über Staat und Recht,
über eine gute Politik, über Krieg und Frieden kundtut. Es wäre
jedoch ein Irrtum zu glauben, daß Erasmus in diesen schon einer
neuen Zeit zuzurechnenden Jahren bereits dem mittelalterlichen
Denken entrückt wäre. Vergegenwärtigen wir uns, daß Erasmus im
15. Jahrhundert aufgewachsen ist, so ist es nur natürlich, daß die politischen, sozialen und religiösen Mißstände gerade dieser Zeit Erasmus
veranlaßten, Ideen zu einer besseren Ordnung in staatlichen Bereich
zu entwickeln. Erst in diesem geschichtlichen Zusammenhang wird
sich zeigen, daß das erasmische Staatsdenken zu dem europäischen
Geistesgut gehört, auf dem sich der Umbruch vom Mittelalter
zur frühen Neuzeit, von der Scholastik zu Humanismus und
Renaissance vollzogen hat. Das Schaffen des Erasmus liegt mitten
in jenem allmählichen Wandel, der mit seiner Größe und Tragweite
die mittelalterliche Seinsordnung, die allgemeine Philosophie wie
auch die Staatsphilosophie zum Zerfall brachte und Neues an ihre
Stelle setzte.

Die Tatsache, daß einzelne Aspekte des erasmischen Staatsdenkens
gleichzeitig oder später von gelehrten Juristen klarer und syste-

---

[1] Zum Zusammenhang zwischen der rechtswissenschaftlichen Methode und
den allgemeinen Entwicklungsprozessen des europäischen Denkens vergleiche
F. *Wieacker*, S. 10 Fußnote 2.

matischer formuliert wurden, hat dazu geführt, der erasmischen Staatstheorie bis heute den ihr gebührenden Platz in der Staatsphilosophie und der allgemeinen Staatslehre zu versagen[2]. Dabei wurde übersehen, daß Erasmus eine eigene Staatstheorie entwickelt hat, die darzustellen und ideengeschichtlich zu erklären Aufgabe der folgenden Untersuchung ist.

Nicht ein einzelnes Ereignis, sondern ein lange schon vorbereiteter, sich stufenweise vollziehender Wandel des geistigen, wirtschaftlichsozialen und politischen Lebens bezeichnet den Übergang von der mittelalterlichen zur modernen Welt. Was sich zuerst veränderte, war das politische Gesicht Europas. Die Einheit der Kirche, der Wissenschaft und der Kunst bestand im wesentlichen bis an das Ende des Mittelalters.

Die *politischen* Grundlagen dieser Einheit, der universitas christiana, begannen bereits im 13. Jahrhundert als Folge des Kampfes zwischen Kaisertum und Papsttum zu zerbröckeln[3]. In ganz Europa zerfiel fortan das Bewußtsein einer christlich-abendländischen Staatengemeinschaft: Die Kriege des späten Mittelalters um das Erbe der Staufer in Neapel und Sizilien, des Hauses Anjou-Plantagenet in Frankreich und schließlich um den französischen Königsthron selber hatten bald ein neues, weltliches Mächtesystem herausgebildet. Diese Entwicklung mündete in die Begründung der absoluten Monarchie und des nationalen Machtstaates. Kaum hatten sich diese Machtstaaten konsolidiert, begann mit einem Vorstoß *Karls VIII.* gegen Neapel im Jahre 1494 der langjährige Streit der neuen Mächte um Italien, der nicht eher enden sollte, als bis zwischen ihnen ein Gleichgewicht hergestellt war. *Karl VIII.* beabsichtigte, Italien in französischen Besitz zu bringen. Die Ohnmacht der italienischen Kleinstaaten ließ *Karl VIII.* einen raschen Sieg erringen. Die zur Wiederherstellung des Gleichgewichts

---

[2] Die Schrift von Ferdinand *Geldner* über die Staatsauffassung und Fürstenlehre des Erasmus begreift die Fragestellung geschichtswissenschaftlich, ohne sie aus der Sicht der Staatsphilosophie und der allgemeinen Staatslehre zu behandeln; das Gleiche gilt bezüglich der Arbeit von Adriana W. *de Jongh;* Augustin *Renaudet* bringt in seinen Etudes Erasmiennes unter dem Abschnitt „La critique du gouvernement et de la société" (S. 65 ff.) lediglich eine unkritische Wiedergabe der Ansichten des Erasmus; J. *Huizinga,* Erasmus, S. 136, begnügt sich mit der Feststellung, bei Erasmus handele es sich um einen unpolitischen und naiven Geist; Guido *Kisch* beschränkt sich in seiner Untersuchung über Erasmus und die Jurisprudenz (S. 113) auf den Hinweis, eine Gesamtwürdigung der Rechts- und Staatslehre des Erasmus könnte den Gegenstand einer selbständigen Untersuchung bilden. G. *Salomon-Delatour* widmet zwar in seiner Geschichte der modernen Staatslehren dem Erasmus einen selbständigen Abschnitt (S. 149—151), gelangt jedoch nicht über eine knappe Betrachtung des erasmischen Friedensdenkens hinaus.

[3] Vgl. G. *Ritter,* Die kirchliche und staatliche Neugestaltung Europas, S. 172.

in Venedig gegründete Liga erreichte nach mehreren Kapitulationen der Franzosen deren vollständigen Rückzug aus Italien. Dennoch war die französische Hoffnung, Italien zu beherrschen, durchaus nicht aufgegeben worden. Dem Nachfolger *Karls VIII., Ludwig XII.*, gelang es 1499, Italien in wenigen Wochen zu erobern. Durch das Übergewicht der französischen Macht in Oberitalien geängstigt, gründete Papst *Julius II.* 1511 gegen Frankreich die „heilige Liga", mit deren Hilfe er 1513 die Franzosen völlig aus Italien vertrieb und die Schweiz weitgehend in die bisher von den Franzosen besetzten Gebiete einsetzen konnte. Diese neue Machtverteilung in Oberitalien war jedoch so unnatürlich, daß sie auf die Dauer keinen Bestand haben konnte. *Franz I.* gewann 1515 in der Schlacht bei Marignano die alten französischen Positionen in Oberitalien von den Schweizern zurück. Von nun an ergoß sich ein Strom italienischer Kunst und humanistischer Literatur nach Frankreich; unter *Franz I.* wurde Frankreich ein Land der blühenden Renaissance.

Das friedliche Bild war jedoch trügerisch. Als König *Ferdinand von Spanien* 1516 starb, wurden Spanien mit Burgund und Österreich unter Kaiser *Maximilian* vereinigt. Eine Verschiebung des europäischen Gleichgewichts bahnte sich an. Erst jetzt begann das eigentliche Ringen der großen Dynastien um die Vormacht in Europa. Es führte dazu, daß *Karl V.*, der Nachfolger *Maximilians*, allein gegen *Franz I.* vier Kriege führte. Nationale Machtpolitik und religiöse Glaubenskämpfe[1] sollten auch weiterhin das europäische Festland mit Krieg übersäen.

Vor diesem trostlosen politischen Hintergrund formulierte Erasmus in den Jahren 1500—1520 seine politischen Gedanken.

Schon bevor die türkische Bedrohung für das christliche Abendland unmittelbar einsetzte, begannen im späten Mittelalter sich die theologischen und philosophischen Verschiebungen, die eine neue Epoche der Geistesgeschichte ankündigten, innerhalb der Christenheit zu zeigen. Diese Zeit, das Spätmittelalter, war geprägt durch den Niedergang des kirchlichen Lebens und der Machtstellung des Papsttums. Die Grundordnung, auf der bisher das Abendland beruhte, wurde durch neue Gedanken und Gestaltungen verdrängt. Das einheitliche Weltbild wurde für viele, insbesondere unter den Gebildeten im Volke, zweifelhaft und brüchig. Die Verselbständigung und Laisierung der abendländischen Völker wurde zum Anlaß für die Beendigung der Vorherrschaft des Klerus auf dem weltlich-politischen Gebiet. Man begann, im Spätmittelalter den Staat und seine Kultur isoliert von der Stellung Roms zu betrachten.

---

[1] Zum Kampfe der Christen gegen die Türken vergleiche F. *Merzbacher*, S. 422 ff.

Das kirchliche Leben selbst war in einem bis dahin unbekannten geistigen und sittlichen Niedergang begriffen. Die naive Vertraulichkeit, mit der man im täglichen Leben mit Gott verkehrte, das Durchtränken des ganzen Lebens mit Religion bis zum Aberglauben, führte zu einer Überladung und Verflachung des Glaubens. Anstatt die religiös-kirchlichen Interessen zu pflegen und sich für die Reform der Kirche einzusetzen, gaben sich die Päpste wie weltliche Herrscher machtpolitischen Bestrebungen hin.

Der Zeitraum von *Sixtus IV.* bis *Leo X.* ist in kirchlicher Hinsicht als der tiefste Stand des Papsttums seit dem 10. und 11. Jahrhundert zu begreifen[5]. Aus dieser Säkularisierung der obersten geistlichen Kirchenämter am Vorabend der Reformation erwuchs für die Einheit der Christenheit eine große Gefahr. Unter *Julius II.* (1503—1513), den Erasmus persönlich kannte, traten die kirchlich-religiösen Belange in besonderem Maße zurück. Er war mehr König und Feldherr als Hoherpriester der Christenheit. Machtgewinn für das Papsttum und glanzvolle ästhetische Kultur waren die Triebfedern seines Handelns[6]. Seit 1507 machte er eine Eroberung nach der anderen und schreckte auch, wie bereits ausgeführt, vor einem Krieg mit Frankreich nicht zurück. So forderte die Figur *Julius' II.* immer wieder das kritische Denken des Erasmus heraus, so speiste das kriegerische Zeitgeschehen ständig von neuem sein Friedensdenken.

Zugleich vollzog sich in dieser Epoche ein Umbruch im theologischen und philosophischen Denken, das mit seinen neuen Systemen und Gedanken den Beginn eines neuen Zeitalters ankündigte.

Bereits in der Spätscholastik fanden sich Gedanken und Forderungen, die als Anzeichen ihrer Auflösung und als Vorboten einer Geisteswende zu werten sind. Die Spätscholastik bahnte eine höhere Bewertung des Individuellen sowohl für den persönlichen wie auch den nationalen Bereich an. Rom und Paris hörten auf, die beherrschenden Mittelpunkte abendländischer Kultur zu sein. Zugleich ist das abendländisch Verbindende schwächer, der Abstand vom gemeinsamen Ursprung größer geworden. Die einzelnen Völker haben durch ihr historisches Schicksal und die Persönlichkeiten ihrer Fürsten in immer längerer Tradition eigne Institutionen ausgebildet, einen eigenstaatlichen Willen und eigne Geschichte gewonnen.

Der Mensch der in Italien aufkommenden Renaissance wurde in der neuen Philosophie erhöht, seine Würde und Freiheit wiederent-

---

[5] *Bihlmeyer-Tüchle,* S. 513.
[6] *Bihlmeyer-Tüchle,* S. 521.

deckt und seine privilegierte Stellung im Universum betont[7]. Die
Renaissance war gekennzeichnet von einem Streben nach Aufklärung,
moralischer Reform und Aufwertung der Innerlichkeit. Die Schwerpunkte des Renaissancedenkens lagen daher in der Polemik gegen
die Korruption des Klerus und dessen weltliche Macht und in dem
Wunsch nach einer innerlichen Religion, nach Glaubensfrieden, gegen-
seitigem Verstehen und Toleranz[8]. Diese Grundlagen der Renaissancephilosophie, in der nunmehr neuplatonische Strömungen der die
Scholastik beherrschenden aristotelischen Philosophie ihre Stellung
streitig machten, sind verknüpft mit den Namen der Humanisten
Laurentius, Nicolaus von Cues und *Desiderius Erasmus.*

Die Forderung der Hochscholastik im 13. Jahrhundert nach genauem
Studium der alten Sprachen und die Ablehnung der scholastischen
Methode durch *Roger Bacon* führten zu einer freien Auseinandersetzung mit der Antike ohne Rücksicht auf theologische Bindungen
und Zwecke, aus der in der Folgezeit ein auf Vernunft und Erfahrung
aufgebautes Denken weltlichen Charakters erwuchs. Auf diesem
Boden entwickelte sich in Italien im 14. Jahrhundert, ausgehend von
Petrarca und *Boccaccio,* der italienische Humanismus. Das Bekannt-
werden der griechischen Originale, die Wiederentdeckung der Klassiker und die Ausbreitung der humanistischen Bildung riefen alsbald
in Italien, später auch nördlich der Alpen die oppositionelle Bewegung
gegen die Scholastik hervor. Sie wandte sich der Sache nach gegen
die mittelalterlichen Umdeutungen der griechischen Metaphysik, der
Methode nach gegen die autoritative Deduktion aus vorausgesetzten
Begriffen[9]. Hierdurch wurde die griechische und römische Philosophie
erstmals unbefangen ohne die Brille der Scholastik betrachtet, in
weltlicher Gestalt gesehen und so ihrer Zeit vor Augen gestellt, so
daß Männer wie Erasmus, *Reuchlin* und *Hutten* sich ihrer direkt
bedienen konnten[10].

In Deutschland und insbesondere im Rheingebiet wurde der
Humanismus vorbereitet durch die Devotio moderna und die Brüder
vom gemeinsamen Leben. In ihren Bruderhäusern und den
Augustinerchorherrenklöstern der Windesheimer Reform erwuchs
jener Geist, der der Nährboden des Humanismus im ganzen Rheingebiet wurde. Der geistige Vater der Devotio moderna war *Geert
Groote,* der Reformator des geistigen und sittlichen Lebens im

---

[7] Dazu grundlegend J. *Burckhardt,* S. 95 ff.; *O. Brunner,* Humanismus und
Renaissance, S. 557 ff.
[8] E. *Garin,* S. 492.
[9] W. *Windelband,* S. 302.
[10] Vgl. H. J. *Störig,* S. 526.

14. Jahrhundert[11]. Die Devotio moderna wollte nur eine wirklich persönlich erfahrene Religion werten. Von da her erfolgte eine Abwertung alles bloß Äußeren in der Religion. Die Devotio moderna war zutiefst ethisch orientiert, eine Laienbewegung und daher durchaus antiklerikal[12]. Erasmus wuchs während seiner Schulzeit in Deventer[13] und während seines Aufenthalts im Kloster Steyn (wohl 1488 bis 1493) unter dem modernen geistigen Einfluß der Devotio moderna auf[14].

In dieser den Humanisten schon frühzeitig prägenden Atmosphäre hatte Erasmus Gelegenheit, Vorbilder und Grundlagen seines späteren Denkens kennenzulernen. Erasmus kam hier erstmals mit dem christlichen Humanismus in Berührung, den er später in seiner philosophia christiana zu verwirklichen suchte. *Plato* und *Aristoteles*, *Cicero* und die *Stoiker*, *Augustinus* und *Thomas* muß er, wie schon die Zitate in seinen späteren Schriften zeigen, gelesen haben. Hier erlebte Erasmus seine Begegnung mit der Staatsphilosophie und Staatslehre des ausgehenden Mittelalters.

Für dieses Staatsdenken war von Bedeutung, daß das geschlossen-mittelalterliche Gedankensystem zwar durch die Antike zersetzt, die frei gewordenen Elemente der aufgelösten Weltanschauung aber mit antiken Gedankenelementen zu neuen geistigen Gebilden verschmolzen wurden.

Elemente verschiedenster Herkunft wurden auf diese Weise zu einem neuen System verbunden. Die Heilige Schrift, die Patristik und vor allem *Augustins* Gottesstaat lieferten die christlichen Züge der mittelalterlichen Staats- und Gesellschaftslehre. Die Wiederbelebung der antiken Staatsphilosophie, insbesondere der Politik des *Aristoteles,* war für die wissenschaftliche Form der gesamten Lehre maßgebend[15]. Doch lag dieses neue System in einem inneren Widerstreit zwischen eigentlich mittelalterlichem und antik-modernem Denken. In der Hülle des mittelalterlichen Systems offenbarte sich „ein unaufhaltsam wachsender antik-moderner Kern, welcher allmählich seiner Hülle alle lebenskräftigen Bestandteile entzieht und endlich dieselbe sprengt"[16]. Die Geschichte der politischen Theorien im Mittelalter ist daher zugleich die Geschichte der theoretischen Formulierung des mittelalterlichen Gesellschaftssystems und die

---

[11] Vgl. R. *Newald*, Humanismus, S. 224.
[12] K. D. *Schmidt*, S. 267; vergleiche auch R. *Stadelmann*, S. 110 ff.
[13] Nach J. *Huizinga*, Erasmus, S. 12, von 1478 bis 1485.
[14] Vgl. J. *Huizinga*, Erasmus, S. 12—20.
[15] *Gierke* III, S. 511.
[16] *Gierke* III, S. 512.

Geschichte der Entstehung des naturrechtlichen Gedankengebäudes[17]. Der moderne Gehalt des neuen Systems wurde im hohen und späten Mittelalter geprägt durch Männer wie *Marsilius von Padua, Wilhelm von Ockham, Aeneas Sylvius, Patricius von Siena, Nicolaus von Cues* und nicht zuletzt, wenn auch kaum noch zum Mittelalter zu rechnen, durch die erasmische respublica christiana.

Die mittelalterliche Staatsphilosophie verstand die Welt als einen einzigen, von einem Geiste beseelten und nach einem Gesetz gebildeten Organismus. Dieselben Prinzipien, nach denen die Welt geschaffen ist, mußten danach auch bei der Schaffung jedes Teiles des Universums bis herab zum Individuum wiederkehren. Innerhalb des Universums, des Weltganzen, herrschte das Prinzip der Einheit[18]. Aus diesem Einheitsdenken ergab sich die Auffassung der Menschheit als eines einheitlichen Körpers mit gottgewollter geistlich-weltlicher Verfassung, der Menschheit als eines einheitlichen Volkes, als eines Universalreiches, das bald ecclesia universalis, bald respublica christiana genannt wurde.

Dieser geforderten Einheit widersprach im gesamten Mittelalter der Streit im Verhältnis von Kirche und Staat. Man war sich zwar darüber einig, daß dieser Dualismus in einer höheren Einheit seine Aufhebung finden müsse, über den Weg zu diesem Ziel aber herrschte erbitterter Streit.

Nach Auffassung der Kirche bestand die Lösung dieser Frage in der Souveränität der Kirche. Das Einheitsprinzip ließ nur zu, daß das Haupt des allumfassenden Staates Christus, irdisch vertreten durch seinen Statthalter, den Papst, war. Wenn es nur einen einzigen wahren Menschheitsstaat geben konnte, so konnte dieser Staat nur die von Gott selbst gestiftete Kirche sein, und alle weltliche Herrschaftsordnung hatte nur als Teil der Kirche Geltung. Der Kaiser erhielt sein Amt mittelbar von Gott, unmittelbar vom Papst. Die kirchliche Seite legte danach die Zweischwerterlehre so aus, daß Gott an Petrus und durch ihn an den Papst beide Schwerter gegeben hat, um das geistliche zu behalten und das weltliche zu verleihen, ohne die Herrschaft über das letztere zu verlieren. Der Kaiser und jeder andere weltliche Herrscher blieben verpflichtet, das ihm anvertraute Schwert im Dienste und nach Weisung der Kirche zu führen[19].

---

[17] *Gierke*, a. a. O.

[18] Über die Unterordnung aller Erscheinungen unter diese Einheit nach dem Satz „omnis multitudo derivatur ab uno et ad unum reducitur" vgl. *Thomas*, de regimine principum ad regem Cypri, L. I. c. 12; *Dante*, de Monarchia libri tres, L. I. c. 6. 7; später dann Nic. *Cus.* Vol. III, L. c. 1—4.

[19] *Gierke* III, S. 529 und S. 527 ff., Fußn. 20, 21, 24 mit Stellennachweisen.

Die weltliche Meinung stellte dem zwei Auffassungen gegenüber. Nach der ersten, von *Ockham* vorbereiteten und von *Marsilius von Padua* im einzelnen vertretenen Auffassung wurde die Kirche vom Staat absorbiert. Die Lehre verwertete die geschichtliche Unterwerfung der Kirche unter die Reichsgewalt im römischen und fränkischen Reich sowie unter den Ottonen und unter *Heinrich III.*[20]. Nach der zweiten, im Mittelalter noch herrschenden Lehre waren Kirche und Staat zwei einander koordinierte Ordnungen, geistliches und weltliches Schwert, sacerdotium und imperium zwei von Gott gesetzte selbständige Sphären, wobei entscheidend war, daß das imperium unmittelbar von Gott stammte und deshalb auch nur von Gott, nicht von der Kirche abhängig war[21]. Diese Lehre gestand der Kirche die gleiche Unabhängigkeit wie dem Kaiser zu, forderte nur die Beschränkung der Kirchengewalt auf das Gebiet wirklicher Spiritualien, da die Kirche von Gott als ein rein geistliches Reich gestiftet und gewollt gewesen sei[22].

Die mittelalterliche Vorstellung von der Einheit des Universums führte in der Lehre vom Staat zu einem anatomisch-organischen Einheitsdenken. In Anlehnung an biblische Vorbilder wurden Menschheit und Staat mit einem beseelten Körper verglichen[23]. Danach bildete die Menschheit einen mystischen Leib mit Christus als Haupt. Es war im Mittelalter allgemein üblich, diesen Vergleich zu verwenden, und oftmals wurde er oberflächlich und ohne tieferen Sinn übertrieben. Auch Erasmus arbeitete, wie zu zeigen sein wird, noch mit dieser allegorischen Vorstellung.

Trotz dieses universellen Einheitsgedankens machte die mittelalterliche Lehre vor dem für die Staatslehre entscheidenden Durchbruch halt, den organischen Gedanken zu dem der Persönlichkeit des Staates auszuprägen[24]. Die Idee, den Staat, losgelöst von Herrscher und Herrscheramt, als selbständigen Träger von Rechten und Pflichten zu verstehen und ihn damit als Rechtssubjekt zu begreifen, war der mittelalterlichen Staatslehre noch fremd[25]. Das hinderte jedoch

---

[20] Marsilius *von Padua*, Defensor pacis II, c. 4 und 5; vgl. *Gierke* III S. 533; *E. v. Hippel* I S. 357 f. und 362 ff.

[21] Statt vieler letzlich Nic. *Cus.* Vol. III, L. III, c. 1, 2, 5, 31, 41.

[22] *Gierke* III S. 536 nebst Fußn. 42 mit Nachweisen.

[23] Vgl. *Paulus* an die Corinther I, 12 v. 4—28; Ephes. I v. 22—23, 4 v. 10 ff.; Röm. 12 v. 4. 6; Coloss. 1 v. 24.

[24] *Gierke, Althusius*, S. 135 f.

[25] U. *Häfelin*, S. 18 f; diese Auffassung ist nicht unbestritten, vgl. P. *Tischleder*, S. 19 ff., der glaubt, bei *Thomas* die Auffassung des Staates als Rechtspersönlichkeit zu finden. O. *Schilling* hat nachgewiesen, daß *Thomas* dieser Idee zwar nahe gekommen ist, sie jedoch nicht endgültig und klar geprägt hat, s. O. *Schilling, Thomas*, S. 49 ff.

nicht, den Herrscher als Repräsentanten aufzufassen und damit zu unterscheiden zwischen individueller und gemeinheitlicher Persönlichkeit des Gewaltträgers, zwischen seiner für ihn persönlich relevanten Privathandlung und der den Staat betreffenden Funktionshandlung.

Diese Trennung von Person und Amt ermöglichte zugleich eine entsprechende Unterscheidung bei den der Volksgesamtheit zukommenden Rechten, die nun nicht mehr eine Summe individueller Einzelrechte, sondern staatliches Recht einer verfassungsmäßig konstituierten Versammlung waren. Eine solche Betrachtung war möglich, weil die mittelalterliche Staatslehre teilweise ein ursprüngliches Recht des Volkes anerkannte, das später zur Lehre von der Volkssouveränität ausgeprägt wurde. Die Quelle der weltlichen Herrschaft beruhte nach mittelalterlich-weltlicher Lehre auf dem Volkswillen; auf diesen führte man den freiwilligen Unterwerfungsvertrag des Volkes zurück[26]. Danach beruhte der Rechtsgrund aller Herrschaft in freiwilliger und vertragsmäßiger Unterwerfung des beherrschten Volkes. War die Entstehung der Staatsgewalt auf erfolgreiche Usurpation zurückzuführen, so wurde das Recht auf Herrschaft durch nachträglichen consensus populi tacitus vel expressus legitimiert[27].

Der Umfang der Rechte des Volkes gegenüber dem rechtmäßigen Herrscher war Gegenstand verschiedener Theorien. Die einen erklärten die Übertragung der Herrschaft auf den Fürsten als endgültige Veräußerung, durch die das Volk für immer auf alle Gewalt verzichtet habe, unter dem Kaiser stehe (populus minor imperatore), der gesetzgebenden Gewalt entbehre und die Übertragung der Herrschaft niemals zurücknehmen könne. Die andere Seite erblickte in der Veräußerung lediglich die Übertragung eines Amtes, während die eigentliche Herrschaft nach wie vor dem Volke verblieben sei, das über dem Kaiser stehe (populus maior imperatore), Gesetze machen könne und zur Rücknahme der übertragenen Rechte befugt sei. Die Anhänger der ersten Auffassung, die der Herrschersouveränität, stützten die absolute Monarchie mit ihrer Theorie, gaben jedoch, indem sie ihre Lehre abmilderten, gleichzeitig dem Volke erhebliche Ansprüche und Mitwirkungsrechte gegenüber dem Herrscher[28].

Die Fortführung der zweiten unter den Glossatoren vertretenen Auffassung ergab das System einer auch dem Monarchen gegenüber fortbestehenden Volkssouveränität. Danach stand dem Volk unter anderem eine ständige Kontrolle der Verwaltung des dem Fürsten

---

[26] Marsilius v. Padua, Def. Pac. I c. 8, 12, 15; Nic. Cus. Vol. III, L. III, c. 4.
[27] Gierke III, S. 571.
[28] Vgl. für Lupold von Bebenburg E. Wolf, S. 40—49.

übertragenen Herrschaftsrechts zu. Diese Lehre führte bei *Marsilius von Padua* und *Nicolaus von Cues* zu modern anmutenden demokratischen Systemen[29]. Zwischen diesen beiden Lehren versuchte eine vermittelnde Auffassung Herrscher und Volkssouveränität zu verbinden und sowohl dem Herrscher als auch dem Volk die Herrschaft gemeinsam zuzuschreiben. Aus dieser Sicht lehnte man eine reine Monarchie ab und erklärte ein beschränktes Königtum oder eine Mischung von Monarchie, Aristokratie und Demokratie für die beste Verfassung[30]. Die dem Volke zugeschriebenen Rechte sollten durch Repräsentantenversammlungen wahrgenommen werden. Wie in der Kirche die Repräsentativfunktion dem Konzil zukam, so faßte man im Staat die ständischen Versammlungen als zur Ausübung der Volksrechte berufene Volksvertretungen auf. *Marsilius von Padua* setzte sich für eine gewählte Volksversammlung mit unmittelbaren Herrschaftsrechten ein[31]. *Nicolaus von Cues* entwickelte ein System des Parlamentarismus, wonach das gesamte Volk durch gewählte Mitglieder eines Repräsentativorgans vertreten sein sollte[32] [33].

Dem Zuwachs an Rechten auf seiten des Volkes entsprach auf der Seite des Herrschers eine Begrenzung seiner Macht. Das Verhältnis zwischen Monarch[34] und Volk wurde als ein Verhältnis gegenseitiger Rechte und Pflichten aufgefaßt; die Herrschaft war daher nicht lediglich Recht, sondern in erster Linie Pflicht, ein gottähnlicher Beruf, ein öffentliches Amt. Daß eine Bindung des Herrschers jedenfalls durch

---

[29] Vgl. Marsilius *von Padua*, Def. Pac. I, c. 7—8, 12—15; Nic. *Cus.* Vol. III. L. III, c. 4, 41. Dieser geht a. a. O. davon aus, daß die Gesetzgebung beim Volke bleibe, indem alle Geltung der Gesetze auf dem ausdrücklichen oder stillschweigenden Consensus derer beruhten, die gebunden werden sollten. Auch der Herrscher sei daher den Gesetzen unterworfen; bei der Ausübung der Macht unterliege er einer fortwährenden Überwachung und könne im Falle der Überschreitung seiner Amtsbefugnisse vom Volke gerichtet und abgesetzt werden.

[30] So namentlich *Thomas,* Summa Theologica 2, 1 q. 95 a. 4 und q. 105 a. 1.

[31] Marsilius *von Padua,* Def. Pac. I c. 12, 13.

[32] Nic. Cus. Vol. III, L. III, c. 12, 25.

[33] Das Wesen der Repräsentation, wie es heute verstanden wird, haben allerdings weder Marsilius *von Padua* noch Nicolaus *von Cues* erfaßt. Unzutreffend daher *Gierke* III, S. 602, der davon ausgeht, daß Nicolaus *von Cues* bereits ein förmliches System des „repräsentativen Parlamentarismus" entwickelt habe; vgl. auch G. *Leibholz,* S. 28—34, 53 Anm. 2.

[34] Die mittelalterliche Staatslehre erklärt fast einstimmig die Monarchie für die beste Staatsform. Dem Mittelalter erscheint die Welt als ein einheitliches Reich und Gott als sein Monarch. Von Gott stammte daher — sei es unmittelbar oder mittelbar — auch Amt und Vollmacht des einzelnen Trägers der Herrschaft, die in Übereinstimmung mit dem Weltganzen eine monarchische war. Im späten Mittelalter war besonders unter dem Einfluß des Humanismus die Vorliebe für antik-republikanische Staatsformen im Vordringen, vgl. *Gierke* III, S. 561 f.

die unwandelbaren[35] Prinzipien des ius naturale und des ius divinum eintrat, war unbestritten.

Überall standen in der mittelalterlichen Staatsphilosophie mittelalterliche Gedanken neben antik-modernen Ideen, deren Kraft mit der Zersetzung des mittelalterlichen Staatsbildes und dem Aufbau der naturrechtlichen Lehren wuchs. *Platon* löste *Aristoteles* im späten Mittelalter als griechisches Vorbild ab. So wie *Platon* seine Aufgabe darin sah, die Macht des altgriechischen Mythos zu brechen und eine rationale Theorie des Staates zu finden, nicht als Kenntnis von vielen und verschiedenen Tatsachen, sondern als zusammenhängendes dialektisch-empirisches Denksystem, so bricht der von *Augustin* nur scheinbar überbrückte Gegensatz von Ratio und Offenbarung, von Logos und Mythos, von griechischem Intellektualismus und mittelalterlich-christlichem Voluntarismus im späten Mittelalter und besonders unter dem Humanismus wieder hervor: *Marsilius von Padua* und *Nicolaus von Cues* hatten die Griechen im Urtext gelesen; sie folgten der antiken Auffassung, den Staat als menschliche Gemeinschaft schlechthin zu sehen, als den allumfassenden und einzigen Ausdruck des allgemeinen Seins über dem individuellen Sein; viele Humanisten kamen dem nahe, unter ihnen ihr Haupt, Erasmus von Rotterdam.

Als Sohn eines Priesters besuchte er unter anderem die Domschule zu Utrecht, später die Schule des Kapitels von Sankt Libuinus in Deventer. Während seines Aufenthalts im Kloster Steyn empfing Erasmus 1492 durch die Hand des Bischofs von Utrecht, *David von Burgund*, die Priesterweihe. Doch eine tiefe Abneigung gegen die ihm die wirkliche geistige Freiheit versagenden Klostermauern ließ ihn die nächste Gelegenheit ergreifen, das Kloster zu verlassen. Bis 1495 war er Sekretär des Bischofs von Cambrai, *Heinrich von Bergen*, der jüngst Kanzler des Ordens vom Goldenen Vlies geworden war[36]. Hier wurde der bisher in der stillen Vertiefung der Devotio moderna Erzogene und in den Klostermauern Geborgene sogleich unmittelbar den politischen Fragen kirchlicher und weltlicher Machtpolitik gegenübergestellt. Diese spannungsreiche und harte Wirklichkeit hat den jungen Erasmus erstmals aus seinem theologischen, philosophischen und literarischen Klosterdenken herausgeführt und ihm, wenn auch vielleicht gegen seinen Willen und seinem weichen Wesen zuwider, die Augen geöffnet für das Verhältnis von Kirche und Staat, Obrigkeit und Individuum, Macht und Recht, Krieg und Frieden.

---

[35] Über die Einschränkung des christlich-mittelalterlichen Naturrechts bei *Thomas* durch Unterscheidung von invariablen Handlungsprinzipien und veränderbarem Recht s. *Welzel* S. 99, auch *Gierke* III, S. 613, Anm. 260.

[36] J. *Huizinga*, Erasmus, S. 20.

2*

Während dieser Zeit schulte sich der Blick des Erasmus für die politischen Realitäten des beginnenden 16. Jahrhunderts. Erasmus erlebte diese Zeit als ein Mann, der einerseits in der verinnerlichten Frömmigkeit der Devotio moderna aufgewachsen war, andererseits als Humanist die antiken Denker in ihren Originalen kennengelernt und ihnen seine Verehrung zugewandt hatte. Erasmus stieß auf diese Weise mit seinem ganzen Wesen und Erleben auf die Grundfragen des christlichen und des antiken Staatsdenkens. Ein so umfassender Denker, wie Erasmus es war, konnte an der den Humanisten verpflichtenden Aufgabe, in der Staatsphilosophie mittelalterlich-christlichen Mythos und antik-rationalen Logos neu zu vereinen, nicht vorübergehen[37].

---

[37] Wenn E. *Cassirer*, Mythus, S. 105 bei *Augustin* bereits von einem christlichen „Logos" spricht, so ist das mißverständlich. E. *Cassirer* a. a. O. selbst weist auf S. 106 bis 117 nach, daß bei *Augustin* und der gesamten Scholastik Denksystem und Kultur grundverschieden vom Griechentum sind. „Der griechische Begriff der Dialektik steht im offenen Gegensatz zu jeder Art offenbarter Wahrheit . . ." (S. 115). „Die Autonomie der Vernunft war ein dem mittelalterlichen Denken ganz fremdes Prinzip" (S. 126). Die Philosophie des späten Mittelalters war jedoch in der Lage, eine Harmonie zwischen Vernunft und Glaube herzustellen. Hier sahen Erasmus und der Humanismus eine ihrer Aufgaben.

II. Elemente des Staatsdenkens

1. Der Staatsbegriff

Cicero bezeichnet in seinem Dialog „De re publica" den Staat als eine Angelegenheit des Volkes, und zwar als eine Menge von Menschen, die durch die Übereinstimmung im Recht und um der gemeinsamen Wohlfahrt willen miteinander verbunden sind[1]. Dieser Gedanke war Anknüpfungspunkt für die mittelalterliche Staatslehre, insbesondere für *Augustin* und *Thomas*. *Augustin* setzte sich mit *Ciceros* Staatsbegriff auseinander[2], erweiterte den Begriff jedoch, indem er das Merkmal der Gerechtigkeit in ihn einführte, und kam zu dem Ergebnis, der Staat sei eine Vielheit nicht von beliebigen lebenden Wesen, sondern von Vernunftwesen, die durch die Gemeinschaft ein und desselben Gesetzes verbunden sind, also durch dasselbe Recht. Recht aber ist nur, was gerecht ist[3]. *Thomas* schließt sich der Begriffsbestimmung *Ciceros* an. Auch bei ihm finden wir jene Identität von Staat und Volk, die in *Ciceros* „respublica res populi" zum Ausdruck kommt[4].

Die erasmische Staatstheorie knüpft nicht an diese Gedanken an. Ihr umfassender Staatsbegriff liegt auf einer höheren Ebene, auf der der respublica christiana. Dieser Staatsbegriff unterscheidet sich von denen *Ciceros, Augustins* und *Thomas'* vor allem dadurch, daß er nicht die respublica dem populus gleichsetzt, sondern sich von dem Begriff „Volk" völlig löst. Erasmus setzt den Begriff „Volk" vielmehr in Gegensatz zur respublica christiana. Diese ist die Einheit der europäischen Christenheit im Sinne eines neuentworfenen sacrum imperium. Die europäischen Völker in ihrer nicht enden wollenden Zerstrittenheit sind für Erasmus gerade die Widersacher seiner respublica christiana. „Der Franzose haßt den Engländer und umgekehrt aus nichts anderem, weil er ein Franzose ist, der Schotte den

---

[1] Est igitur . . . res publica res populi, populus autem non omnis hominum coetus quoquo modo congregatus, sed coetus multitudinis iuris consensu et utilitatis communione sociatus . . . (De re publica I, 25, 39).

[2] *Augustin,* De civ. Dei, 2, 21; 19, 21.

[3] Vgl. O. *Schilling, Augustin,* S. 25 ff.; O. *Schilling, Thomas,* S. 47 f.; E. *v. Hippel,* Staatsphilosophie I, S. 247 ff.

[4] Vgl. O. *Schilling, Thomas,* S. 48.

Britanen, weil er kein Schotte ist ... Warum bringen uns diese törichten Namen mehr in Uneinigkeit, als uns das uns allen gemeinsame Wort Christi vereint[5]? ... " Das gerade unter dem Humanismus emporwachsende Nationalgefühl, das sich in einer grenzenlosen nationalen Selbstüberhebung offenbarte[6], wird von Erasmus als Vorurteil und törichte Eigenliebe durchweg abgelehnt. Seine Gleichgültigkeit gegenüber allem Nationalen ist erstaunlich[7].

Von dieser einen christlich-kirchlichen Kulturwelt der respublica christiana, bestehend aus geistlicher und weltlicher Gewalt, unterscheidet Erasmus den politisch-realen territorialen Machtstaat seiner Zeit, den er abwechselnd mit dominium, imperium, regnum, maiestas und potentia umschreibt. Hierbei handelt es sich nach der Meinung des Erasmus nicht um christliche, sondern um heidnische Begriffe[8]. Im Gegensatz zu diesen heidnischen Herrschaftsbegriffen bestehe christliche Herrschaft in nichts anderem als Verwaltung, Wohltätigkeit und Wächtertätigkeit[9]. Erasmus bezeichnet aber auch den Territorialstaat seiner Zeit als respublica[10]. Schon diese Begriffsüberschneidung deutet an, daß Erasmus die respublica christiana nicht immer klar vom Territorialstaat abgrenzt. In seinen Schriften mit staatspolitischem Charakter beziehen sich jedoch seine Lehren vom

---

[5] LB. IV, 610 B (Institutio principis christiani); LB. IV, 630 D—E (Querela pacis).

[6] J. *Huizinga*, Erasmus über Vaterland und Nationen, in: Gedenkschrift S. 34.

[7] Sie kommt in nichts mehr zum Ausdruck als in seiner Geringschätzung der Landessprachen. Englisch und italienisch hat er weder sprechen noch lesen können. Latein beherrschte er besser als seine niederländische Muttersprache; vgl. LB. V, 77 F; *Huizinga*, a. a. O., S. 48 f.; weitere Stellennachweise für die ablehnende Haltung des Erasmus zum Nationalismus bei H. *Treinen*, S. 44 f.; im gleichen Sinn schildert C. R. *Thompson*, S. 168 ff., Erasmus als Internationalisten und Kosmopoliten.

[8] LB. IV, 577 C; auch der Begriff „patria" findet bei Erasmus Verwendung. Er faßt ihn als Kosmopolit nicht im nationalen Sinne, sondern im Sinne des Weltbürgertums auf, vgl. Adagium No 93: Quaevis terra patria. LB. II, 481 B. Mit dem Patria-Begriff bei Erasmus hat sich näher Hans H. *Jacobs* beschäftigt. Er führt dazu aus: „Das Vaterland ist ihm (Erasmus) letzten Endes ein Begriff allgemein-menschlicher Werte und Verpflichtungen. Das eudämonistische Wohlfahrtsmotiv der Patria-Idee ist mit christlichhumanistischen Werten erfüllt ... (S. 98). Im Vaterlandsgefühl des Erasmus mit seiner Unterordnung des Fürsten unter das Gemeinwesen als Vaterland lebt die moderne Wirklichkeit des Staates als eines zusammengefaßten, einheitlichen, nationalen (?), der Kirche gegenüber selbständigen und rechtlich-moralisch von ihr gelösten weltlichen Gebildes" (S. 99). Das ist sicherlich zum Teil richtig, gilt aber in gleicher Weise für respublica und civitas. Auf diese Weise gelangt man nicht zu einer Definition des erasmischen Staatsbegriffes.

[9] LB. IV, 577 C; administratio, beneficentia, custodia statt imperium, dominium und regnum.

[10] LB. IV, 577 A. Auch den Begriff „civitas" verwendet er in diesem Zusammenhang, vgl. LB. I, 678 und öfter.

Staat auf den Fürsten und dessen Volk, also auf den Territorialstaat. Hier entwickelt er am konkreten Fall die Gedanken und Lehren, die in gleicher Weise grundlegend sind für den einzelnen Staat wie für die respublica christiana als politischen und kulturellen Idealzustand und christlicher Verwirklichung des Evangeliums für die Menschheit. Tragendes Element der respublica christiana ist die christliche Freiheit, verstanden als Freiheit von der Tyrannei sowie als Freiheit zum freien christlichen Handeln, bestimmt durch den freien Willen des Menschen. „Wir müssen bedenken, daß die Menschen frei sind, zumal die Christen", schreibt Erasmus 1514[11]. Die Freiheitsidee, gepaart mit der Toleranzidee, ist bei Erasmus bestimmend für das Leben der Bürger und ihr Verhältnis zur Obrigkeit. Der Fürst regiert als Freier über Freie, als Mensch über Menschen und als Christ über Christen. In seiner Schrift „De libero arbitrio"[12] erbringt Erasmus den Beweis, daß die Bibellehre und die menschliche Vernunft bestätige, der Wille des Menschen sei frei. Vom Bewußtsein dieser Freiheit hänge die Moral ab[13]. Sinn der respublica christiana ist es, diese Freiheit zu erreichen. Die respublica christiana ist die fortschreitende Erlösung der Menschheit aus ihrer nationalen und politisch-gesetzhaften Einengung und Absonderung in die Freiheit und Einheit des Christenvolkes[14]. „Der christliche Erdkreis ist ein Vaterland, die christliche Kirche eine Familie, ein Volk, ein Staat[15]." Dieses christlich-abendländische Universalreich, das sich in seinem äußeren[16] wie in seinem geistigen[16a] Entwurf von den allgemeinen mittelalterlichen Vorstellun-

---

[11] Brief vom 14. März 1514 an Anton *von Bergen, Allen* I, 551, 553 (Briefe S. 97 ff.); an anderer Stelle: „Die Menschen sind frei, und die Christen sind doppelt frei." LB. II, 110.

[12] LB. IX, 1215 ff.

[13] Vgl. J. *Huizinga,* Erasmus, S. 144; eine ausgezeichnete Einführung in das Wesen der Freiheitsidee bei Erasmus findet sich bei K. A. *Meissinger,* S. 278 ff.; zur gleichen Frage ferner R. *Liechtenhan,* S. 35 ff.; H. *Treinen,* S. 177; s. ferner LB. IV, 578 B; De libero arbitrio LB. IX, 1215 ff. (Übersetzung *Schumacher,* S. 26 ff.); Colloquia *(Schiel),* S. 588.

[14] A. *Gail,* Einleitung zur Auswahl aus den Schriften des Erasmus, S. 143.

[15] LB. IV, 538 A.

[16] Schon der Umfang der respublica christiana unterschied sich von vergleichbaren mittelalterlichen Vorstellungen. Während diese die Christenheit als identisch mit der Verbandseinheit der gesamten Menschheit betrachteten (vgl. *Gierke* III, S. 517), zieht Erasmus den Rahmen enger. Nicht Kosmos und Universum sind der Rahmen seiner respublica christiana, sondern die abendländische Christenheit.
Außerdem ist Erasmus bereit, solche Staaten auszuschließen, die eigensinnig, bündnisbrüchig und für jede Freundschaft unbrauchbar sind (LB. IV, 604 A, B; vgl. auch LB. IV, 603 A).

[16a] Aber auch in der geistigen Struktur unterscheidet sich die respublica christiana mannigfach vom vorerasmischen Einheitsdenken. Dieses weist vorwiegend theokratische und spiritualistische Züge auf. Die menschliche Ordnung erscheint als Bestandteil der in Gott selbst gegebenen Weltordnung,

gen von der Christenheit als eines einheitlichen und in sich ver-
bundenen Volkes unterschied, war für Erasmus das große politische
Ideal. Dabei war ihm klar, daß dieses Ideal zu seiner Zeit, voll von
Kriegen, auf friedlichem Wege kaum zu erreichen war. Das Übel
mußte daher erst einmal in den einzelnen Staaten angepackt werden.
Dort sollten sich die Fürsten nach der Vorstellung des Erasmus an
dem Leitbild der respublica christiana orientieren. Mit seiner stark
ethisch und pädagogisch geprägten Staatstheorie bezweckte er, wenigstens im Kleinen durch seine Schriften das zu erreichen, was vorerst
im Großen unerreichbar schien: Wenn schon nicht eine respublica
christiana, dann wenigstens jeder Staat ein Abbild derselben[17].

In der Theorie waren diese Gedanken geeignet, durch Belebung und
Festigung des Christentums die soziale und nationale Liquidation des
Mittelalters auszugleichen und an die Stelle des geborstenen sacrum

---

jeder irdische Verband als organisches Glied eines Himmel und Erde um-
spannenden Gottesstaates in gottgewollter Harmonie (*Gierke* III, S. 514).
Erasmus entwickelt seine respublica christiana aus dem Autonomiegedanken,
dem Ideal einer produktiven Kraft der Vernunft und christlicher Freiheit
mit dem Ziel, daß das reine Evangelium seine allgemeine Sendung wahr
machen könne (E. *Troeltsch*, Aufsätze, S. 248; A. *Gail*, Einleitung, S. 60). Die
respublica christiana findet ihre Wurzeln weitgehend in der thomistischen
Sozialphilosophie (vgl. E. *Troeltsch*, Soziallehren, S. 286) und in der mittelalterlichen Staatstheorie. Doch sind die Schwerpunkte verschoben. Die
stoische Maxime von der fundamentalen Gleichheit aller Menschen war für
die gesamte mittelalterliche Theologie und Jurisprudenz bis hin zu Erasmus
grundlegend (vgl. E. *Cassirer*, Mythus, S. 138). Diese Forderung erfüllte
Erasmus dadurch, daß er mit seinem kritischen Rationalismus antiken Logos
und mittelalterlichen Glauben zu einem neuartigen abendländischen Glauben
verband, geprägt durch Toleranz und Abschwächung der Kluft zwischen
christlicher und außerchristlicher Welt (E. *Troeltsch*, Soziallehren, S. 871).
Finden wir in der thomistischen Lehre noch klar die völlige Vorherrschaft
der geistlichen Gewalt, in der sich das Zweckreich der Vernunft und Erlösung erst einheitlich zusammenschließt (E. *Troeltsch*, Soziallehren, S. 342;
O. *Schilling*, Thomas, S. 230—238), so sieht Erasmus das Verhältnis von geistlicher und weltlicher Gewalt, von Glauben und Vernunft im Lichte christlicher Freiheit und Liebe (vgl. A. *Gail*, Einleitung, S. 70 und 143).

[17] Das Verhältnis von respublica christiana zu regnum, imperium, respublica und civitas als Bezeichnungen des einzelnen Territorialstaates erinnert
in seiner dualistischen Struktur an das Verhältnis von civitas coelestis und
civitas terrena bei *Augustin*. Die Ähnlichkeit ist jedoch eine äußerliche. Bei
Augustin läßt sich eine Scheidung der beiden Reiche hier auf Erden nicht
vollziehen (in hoc interim saeculo duas civitates perplexas quodammodo
diximus invicemque permixtas, De civ. Dei 11,1; 20,7). Um welche civitas es
sich handelt, entscheidet die Gesinnung der Gemeinschaft, nicht ein kon-
kreter, äußerlich erkennbarer Maßstab (vgl. O. *Schilling*, Augustin, S. 36;
A. *Dempf*, S. 125). Bei Erasmus unterscheiden sich respublica christiana und
regnum etc. nicht unbedingt durch das Moment christlicher Gesinnung; entscheidend ist vielmehr, daß die respublica christiana das christlich-geeinte
Abendland im Dienste des Evangeliums, der Einzelstaat (regnum) indes der
weltliche Territorialstaat des 15. und 16. Jahrhunderts ist. Diese Staaten zur
respublica christiana zu erheben ist das politische Ziel des Erasmus.

imperium eine respublica christiana zu setzen: Ein Versuch, mit christlichem Einheitsdenken dem Machtstreben der jungen Territorialstaaten entgegenzutreten. „Im Augenblick des nationalen Erwachens und der nationalen Scheidung der Völker Europas beschwört er die christliche Freiheit als Ferment gegen die Ausweglosigkeit eines starren Nationalitätenprinzips[18]."

Neben diesem mehr für die Staatsphilosophie als für die allgemeine Staatslehre fruchtbaren Begriff der respublica christiana liegt dem erasmischen Staatsdenken aber auch ein seiner Substanz nach staatsrechtlich erheblicher Staatsbegriff zugrunde, wenn auch Erasmus keine klare Definition des Staates hinterlassen hat. Diesen Begriff genau zu analysieren[19] bereitet Schwierigkeiten schon deshalb, weil Erasmus seine Werke noch in lateinischer Sprache abfaßte und das Wort „Staat" schon aus diesem Grunde von Erasmus nicht verwandt worden ist. Die statt dessen in willkürlicher Abwechslung benutzten Begriffe „respublica", „civitas" und „patria" hat Erasmus keineswegs näher definiert oder gegeneinander abgegrenzt. Sie vermögen nichts Endgültiges über die rechtliche Qualität des erasmischen Staates auszusagen[20]. Insbesondere geben sie uns keinen Aufschluß über die für die Begriffsbestimmung entscheidende Frage, ob Erasmus den Staat noch vorwiegend als Personenverbandseinheit oder bereits, der Neuzeit vorgreifend, als institutionalisierte Rechtspersönlichkeit verstand.

Der moderne Staat hebt sich vom Mittelalter vor allem dadurch ab, daß hier alle öffentlichen Verhältnisse in Personen, dort in Institutio-

---

[18] A. *Gail*, Einleitung, S. 143.

[19] F. *Geldner* hat in seiner Arbeit nicht einmal den Versuch einer solchen Begriffsbestimmung unternommen. H. *Treinen* hat sich in seiner Studie (S. 170 ff.) bemüht, das Wesen des erasmischen Staates zu erfassen. Aus seiner sozialwissenschaftlich-politischen Sicht versteht er die erasmische Staatsidee lediglich als eine Summe von Gesinnungskräften (S. 173). Ein ausschließlich aus dieser Sicht verstandener Staat vermag für die Staatslehre wenig herzugeben. Uns kommt es darauf an, den staatsrechtlich-dogmengeschichtlichen Standort des erasmischen Staatsdenkens zu ermitteln. Für diese Aufgabe spielt das von *Treinen* untersuchte erasmische Gesellschaftsdenken eine untergeordnete Rolle. Wo *Treinen* auf gesellschaftliche Gesinnungskräfte abstellt, steht für uns die Staatsidee, ausgeprägt in Form, Funktion und Grenze des Staates und seiner Gewalt, im Vordergrund.

[20] Der von H. *Jacob* unternommene Versuch, die Staatsidee des Erasmus durch eine Begriffsanalyse des Patria-Begriffes zu ermitteln, erscheint mir unnütz, da Erasmus patria, civitas und respublica weitgehend synonym verwendet. Ich pflichte *Treinen* (S. 171) darin bei, daß dem Erasmus subtile, systematische und theoretische Unterscheidungen, in denen er keinen Nutzen für die Praxis erblicken konnte, fremd waren. Zu diesem Ergebnis kommt auch J. *Huizinga*, Erasmus, S. 95: „Der Geist des Erasmus . . . neigte nicht dazu, scharf die Begriffe zu unterscheiden . . . Sein Geist war im vollsten Sinne des Wortes philologisch. Er liebte die Sprache . . ."

nen gedacht werden[21]. Den Zeitpunkt, in dem die Bürger beginnen,
sich nicht mehr als Person, sondern „allgemein" und „institutionell"
zu verstehen, sieht die moderne Staatslehre in dem Auftreten des
Wortes „Staat"[22]. Dieses Kriterium vermag uns bei Erasmus aus
dem angeführten Grunde nicht weiterzuhelfen. Auszugehen ist statt
dessen von Begriff und Wesen der Institution des Staates. Dabei ist
zu untersuchen, ob das erasmische Staatsdenken die Merkmale bereits
aufweist, die wir heute für ein institutionelles Staatsdenken voraus-
setzen[23].

Man wird weder von Erasmus noch von seiner Zeit ein klares
Bekenntnis zu der Auffassung des Staates als Institution[24] erwarten
dürfen. Doch kann man von Ansätzen zu einem institutionellen Staatsdenken bereits dann sprechen, wenn man bei Erasmus die Idee der
Gewaltenteilung sowie die der Repräsentation aufgegriffen findet;
denn Gewaltenteilung und Repräsentation sind die ideengeschicht-
lichen Gegenbilder eines persönlichen Regiments und damit gemäß
ihrer jeweiligen Ausprägung der Maßstab für ein mehr oder weniger
institutionelles Staatsdenken[25].

Moderne Begriffe wie Gewaltenteilung und Repräsentation sind in
ihrem heutigen Sinn das Produkt späterer Jahrhunderte. Dennoch
finden sich erste Anzeichen dieser Ideen im Denken des Erasmus.
So finden wir in den Colloquia eine Stelle, in der Erasmus vorschlägt,
einen schlechten Regenten dadurch an der Ausartung in einen

---

[21] H. *Krüger*, S. 169.

[22] Vgl. H. *Krüger*, S. 172.

[23] Es mag fraglich erscheinen, ob man von einem Nichtjuristen, der Erasmus immer gewesen ist, überhaupt ein solches Maß juristisch-abstrakten
Denkens erwarten darf. Erasmus, den Polyhistor, haben Recht und Rechts-
kunde unter allem Wißbaren wohl am wenigsten interessiert. Er spürte in
den Dingen des Rechts ein seiner Natur fremdes, unheimliches und fragwür-
diges Wesen, mit dem er im Grunde nichts zu tun haben wollte (E. *Wolf*,
S. 61 f.). Es sei nur verwiesen auf Erasmus' Zweifel am Erkenntniswert der
juristischen opinio doctorum; ferner seine Meinung über die Advokaten: „Es
erscheint die Schar der Advokaten, die einen guten Teil des menschlichen
Elends auf dem Gewissen haben, inmitten der wogenden Masse von Prozes-
sierenden nur als kleines und verlorenes Eiland" (Klage des Friedens, S. 19);
ferner: LB. IV, 602 B . . . jene gewinnsüchtige Sorte Menschen, die sich
Rechtsgelehrte und Advokaten nennen.

[24] Institution wird nicht verstanden als Gesetztheit im Sinne von Vor-
gegebenheit, sondern schlicht als Gegensatz und Verneinung von „Person"
im Sinne von Ausschaltung der Person und deren Ersetzung durch ein un-
und überpersönliches Gebilde; wenn H. *Krüger*, S. 177, neuerdings Institution
als die „gedankliche Vergegenständlichung der wesentlichen Gestalt und des
aufgegebenen Gehalts einer bestimmten Art von gesellschaftlichen Sachver-
halten in einer konstituierten Größe" umschreibt, so scheint mir damit im
Grunde dasselbe gesagt.

[25] Vgl. dazu H. *Krüger*, S. 176 und 232 f.

Tyrannen zu hindern, daß man seine Gewalt durch einen Senat beschränkt[26]. Hier zeichnet sich das Verlangen nach einer Gewaltentrennung und die Idee des Gewaltenteilungsprinzips ab. Das Ziel einer Gewaltenhemmung verfolgt ferner der Vorschlag des Erasmus, der Fürst dürfe gewisse Handlungen, etwa den Beginn eines Krieges[27], wegen der tiefgreifenden Folgen nur mit Zustimmung des Volkes vornehmen.

Nach der Idee der Repräsentation wird man bei Erasmus vergeblich suchen, wenn man diesen Begriff so umfassend wie die moderne Staatslehre (C. *Schmitt, Leibholz, Krüger*) versteht. Man wird es jedoch als ausreichend für die Bejahung eines institutionellen Staatsdenkens bei Erasmus ansehen dürfen, wenn er den Fürsten nicht als höchstpersönlichen Herrscher, sondern als Repräsentanten der Volksgesamtheit sieht. Für eine solche Ansicht finden sich im Werk des Erasmus mehrere Stellen. So schreibt Erasmus dem Fürsten vor, er dürfe nicht irgendein Stück seines Landes verkaufen oder in fremde Hände geben, als ob freie Staaten lediglich private Besitztümer wären[28]. Dieser modern anmutende Gedanke, der sich erst im Laufe der Jahrhunderte zu einer klaren Trennung von Staatsgut und Hausgut verdichtete, setzt voraus, daß der Fürst nicht nur als Person, sondern vor allem als Repräsentant der Volksgesamtheit verstanden wird. Diese existentielle Scheidung von amtlicher und persönlicher Eigenschaft des Fürsten bei Erasmus kommt ebenfalls zum Ausdruck, wenn er schreibt, daß der Fürst Steuern nicht zu seinem eigenen Vorteil erheben darf[29], daß er bescheiden leben müsse, damit nicht der Eindruck entstehe, er lebe üppig auf Kosten des Volkes[30]. In derselben Weise ist die Bemerkung des Erasmus zu verstehen, der Fürst dürfe niemals wegen privater Rechte einen Krieg zum Schaden des Volkes führen[31].

Weitere Ansätze zu einem institutionellen Staatsdenken zeigen sich, wenn wir Erasmus zum Gedanken der Personenüberdauerung des

---

[26] . . . proximum, si auctoritate senatus, magistratuum ac civium moderari potentiam illius, ut non facile erumpat in tyrannidem. LB. I, 678, ähnlich LB. IV, 576 D.

[27] Klage des Friedens, S. 65.

[28] LB. IV, 637 B (Klage des Friedens, S. 63): Nec fas sit principi ditionis portionem ullam vendere aut alienare, perinde quasi privata sint praedia liberae civitates.

[29] LB. IV, 593 E.

[30] LB. IV, 606 F.

[31] LB. IV, 609 A. Die Repräsentantenstellung des Fürsten kommt ferner bei Erasmus dadurch zum Ausdruck, daß er die Herrscherfunktion als öffentliches Amt kennzeichnet: dazu im einzelnen unten sub III, 3 (Fürstliches Amt und Beamtenschaft).

Staates sprechen lassen, also zu der Frage, ob mit dem Tode des Herrschers auch der „Staat" endet. Erasmus antwortet auf diese Frage: „Der
Staat, der so viele ausgezeichnete Männer und Frauen umfaßt, ist größer
als allein das fürstliche Haupt. Der Staat wird auch dann noch bestehen,
wenn der Fürst tot ist[32]." Mit diesem wichtigen Satz hat Erasmus vor-
ausgegriffen, was *Albericus Gentilis*[33] 100 Jahre später mit dem Satz
umschrieb: „Princeps mortalis, respublica aeterna." Erasmus hat hier
ein für seine Zeit ungewöhnliches Maß an Entpersönlichung der Herrschaft erreicht[34]. Er hat damit die absolute Unbeeinflußbarkeit der
Existenz des Staates durch Vorgänge in der physischen Natur des
Herrschers gesichert und damit die Voraussetzung dazu geschaffen, den
Staat nicht mehr in einer Person oder einem Gegenstand (die Krone als
Symbol der staatlichen Existenz) darzustellen, sondern ihn als institutionalisierte Existenz der Gesamtheit zu verstehen. Insoweit erscheint
uns Erasmus also moderner als das allgemeine Staatsdenken seiner
Zeit, jedoch wiederum nicht in einem Maße, wie es bis hier erscheinen
mag.

Im Gegensatz zu diesem institutionellen Denken findet sich bei Erasmus zugleich ein noch weitgehend persönliches Verständnis der Herrscherstellung des Fürsten und zugleich der Gesamtheit überhaupt.
Dieses findet seinen besonderen Ausdruck im personalen Verbands-
denken, das den Fürsten als Familienvater, das Volk als Familie hin-
stellt[35]. Auch der Vergleich des Fürsten mit Gott, dessen Ebenbild
und Diener der Fürst und dem allein er verantwortlich ist[36], setzt
nicht ein Verständnis des Fürsten als Repräsentanten, sondern gerade
als höchstpersönlichen Herrscher voraus, soweit nicht der Fürst als
Diener des Staates verstanden wird[37]. Hier zeigt sich, daß die Persönlichkeit des Fürsten im Vordergrund steht, was sich schon daraus
ergibt, daß Erasmus der Person des Fürsten und seiner Erziehung in

---

[32] LB. IV, 601 A . . . quanto pluris sit illa, tot egrigios viros ac foeminas
complectens, quam unicum Principis caput. Respublica, etiam si princeps
desit, tamen erit Respublica.

[33] Albericus *Gentilis*, De Jure Belli Libri Tres, Hanau 1612, S. 680.

[34] Er ist allerdings nicht der erste, der diesen Gedanken formuliert. H. *Krüger* (S. 172) berichtet, daß nach dem Tode Kaiser Heinrichs II. (1002—1024)
die Pavesen die Kaiserpfalz zerstört haben. Zur Rechenschaft gezogen, ver-
teidigten sie sich, durch den Tod des Kaisers sei die Pfalz herrenlos geworden.
Es wurde ihnen erwidert: Wenn der Kaiser stirbt, bleibt das Reich.

[35] So ausführlich in LB. IV, 574 F.

[36] LB. IV, 580 A, 605 B, 609 E; Enchiridion S. 96 und öfter.

[37] Das aber tut Erasmus gerade nicht. Der Fürst hat bei ihm stets die Aufgabe, für das öffentliche und gemeine Wohl zu sorgen. Mit dieser Aufgabe
sagt Erasmus nichts über die Stellung des Fürsten als Diener des Staates.
Eine solche Auffassung der Herrscherstellung ist erst im späten 18. Jahrhundert üblich. Vgl. H. *Krüger*, S. 246.

seiner Institutio principis christiani so große Aufmerksamkeit geschenkt hat. Gerade die Fürstenspiegel des hohen und späten Mittelalters bis hin zur Institutio des Erasmus sind ein sicheres Zeichen für die starke Bewertung der Herrscherpersönlichkeit und die geringer eingeschätzte Bedeutung der Idee der Repräsentation und der institutionalisierten Rechtspersönlichkeit des Staates überhaupt.

Am deutlichsten sehen wir diese Erscheinung im organischen Staatsdenken des Erasmus und seiner Vorstellung der menschlichen Gesellschaft in konzentrischen Kreisen. Am 14. August 1518 schreibt Erasmus an den Straßburger Prediger *Paul Volz*[38]: „Beflecke nicht die himmlische Philosophie Christi mit Menschenwerk! Christus muß bleiben, was er ist, der Mittelpunkt, um den einige Kreise sich drehen. Den ersten Kreis bilden die berufenen Hüter der reinen christlichen Lehre, die Priester, die Bischöfe, Kardinäle und Päpste. Der zweite Kreis sind die weltlichen Fürsten, die Recht und Gerechtigkeit wahren und deren Waffen und Gesetze auf ihre Weise Christus dienen, mögen sie im gerechten Kriege den Feind schlagen und die öffentliche Ruhe schützen oder mit der Strafe des Gesetzes die Übeltäter in Schranken halten. Den dritten Kreis bildet das gewöhnliche Volk. Es ist gleichsam der häßlichste Teil dieser Welt, gehört aber dennoch zum Leibe Christi, sind doch nicht nur die Augen Teile des Körpers, sondern auch die Waden und Füße." Erasmus stellt sich hier ganz auf den Boden der mittelalterlichen Lehre vom Corpus Christianum. Die Auffassung der Menschheit als eines einheitlichen Körpers mit gottgewollter geistlich-weltlicher Verfassung findet sich, wie bereits eingangs dargestellt, im gesamten Mittelalter. Auch Erasmus lebt noch in dieser Vorstellung[39]. Neben dem sich in drei Kreisen darstellenden Aufbau der Menschheit finden sich bei Erasmus weitere Metaphern insbesondere für das Verhältnis des Fürsten zum Volk, die typisch mittelalterliche Züge aufweisen. So ist für ihn der Fürst für das Volk wie für den Körper das Herz[40].

------

[38] *Allen* III, 361, 368 f. (Briefe S. 196 ff., 200); im gleichen Sinn und ausführlicher die Ausführungen in der Ratio LB. V, 88 C ff.; die erasmische Dreiteilung erinnert an *Platos* Trias von Priestern, Rittern und Bürgern; die von Luther und Calvin unter dem Namen ordo ecclesiasticus, ordo politicus, ordo oeconimicus in die Soziallehre der Reformation eingeführt wurde (vgl. E. *Wolf*, S. 188).

[39] Der Satz „universalis sancta ecclesia Dei unum corpus manifeste esse credatur eiusque caput Christus" läßt sich bis zu den Konzilien von Paris und Worms im Jahre 829 zurückverfolgen. Über seine ständige Verwendung im Mittelalter s. *Gierke* III, S. 517 f. Anm. 7.

[40] LB. IV, 577 D; Colloquia *(Schiel)*, S. 425 f.: Was die Seele für den Körper ist, das ist ein guter Fürst für das Gemeinwesen; s. auch LB. IV, 573 F, wo Erasmus von *Plato* den Gedanken übernimmt, die Fürsten seien die Wächter des Staates wie die Hunde für die Herde.

Dieses noch typisch mittelalterliche organische Staatsdenken des Erasmus steht im Gegensatz zu seinen Ansätzen im institutionellen Staatsdenken. Der hier bereits angedeuteten Idee der Gewaltenteilung und der Repräsentation sowie dem Gedanken der Entpersönlichung der staatlichen Existenz durch die Personenüberdauerung stehen unvermittelt mittelalterliche Züge im Staatsdenken gegenüber[41], indem immer wieder die Höchstpersönlichkeit der Herrschaft herausgekehrt wird. Die Deutung des Staates als Organismus, als eine natürliche Tatsache oder als ein großer Mensch läßt sich jedoch nicht vereinbaren mit der modernen Vorstellung des Staates als Institution[42]. Andererseits ist dieser widersprüchliche Staatsbegriff des Erasmus aber auch kein typisch mittelalterlicher mehr. Neben den Anfängen institutionellen Denkens deutet besonders die noch zu erörternde klare Trennung von Herrscherpersönlichkeit und Herrscheramt die Entwicklung der folgenden Jahrhunderte an. Sie ermöglichte die ein Jahrhundert später übliche Unterscheidung von staatlicher majestas realis und der majestas personalis des Herrschers.

Es zeigt sich also, daß Erasmus, wenn seine Gedanken auch kein geschlossenes System aufweisen, den Staat teils mittelalterlich als Organismus und mystischen Leib, teils modern als Institution sieht, jedenfalls nicht lediglich als Idee oder Konkretisation eines christlichen Gesellschaftsdenkens. *Treinens* These[43], nach welcher der erasmische Staat lediglich eine Summe von Gesinnungskräften sei, trifft daher nicht zu. Für den praktischen Denker Erasmus, den Pädagogen und Psychologen, waren das Konkrete, die Form und der undogmatische Pragmatismus viel zu wichtig, als daß sein Denken sich auf eine christliche Gesinnungsethik beschränken konnte. Es hieße den Unterschied zwischen erasmischer respublica christiana und weltlicher respublica des Erasmus leugnen, wollte man seinen Staatsbegriff nur aus christlich-ethischer Sicht sehen und den institutionellen Teil seines Staatsdenkens als untypisch abtun, weil er sich nicht in den „ethisch bezogenen Empirismus" des Erasmus einfügt[44].

---

[41] Dem gesamten Mittelalter war das Verständnis des Staates als selbständige Rechtspersönlichkeit fremd (*Gierke* III, S. 605), wenn sich auch im mittelalterlichen Schrifttum vielfach Formulierungen finden, die den Staat als Verband umschreiben. So nannte man den mit dem Volk identifizierten Staat teils corpus, teils totum corpus oder corpus morale et politicum (weitere Beispiele und Nachweise bei U. *Häfelin*, S. 13). U. *Häfelin* (S. 14) stellt zu Recht fest, daß aus diesen Begriffen keineswegs auf die Vorstellung geschlossen werden kann, der Staat sei eine Rechtsperson. Die mittelalterliche Staatslehre, die eine Abneigung gegen theoretisch-abstraktes Staatsdenken besaß, gelangte nicht zu einer selbständigen Definition des Staates (vgl. U. *Häfelin*, S. 22, Anm. 141).

[42] H. *Krüger*, S. 177.

[43] H. *Treinen*, S. 173.

[44] Diesem Fehler erliegt H. *Treinen* in seiner philosophischen Dissertation (insbesondere S. 173 ff.). Erasmus war kein Philosoph, spekulativ-abstraktes

Erasmus steht mit seinem Staatsbegriff inmitten des Umbruchs vom Mittelalter zur Neuzeit, aus dem in den nächsten 200 Jahren vor allem in Frankreich und England jene Staatsdenker[45] hervorgingen, die Erasmus an Systematik und geistiger Schärfe übertrafen, es aber leichter als dieser hatten, weil sie nicht mehr gegen das geschlossene mittelalterlich-theokratische und scholastisch-dogmatische Denken anzukämpfen brauchten.

Das Moderne im erasmischen Staatsdenken beschränkt sich nicht auf die ersten Anzeichen institutionellen Denkens. Es findet sich zugleich, der zeitgenössischen Philosophie folgend, eine verstärkte Wertschätzung des Individuums, des freien Christen. Sowohl von seiner eigenen, stark individuell geprägten Persönlichkeit als auch von seiner christlich-religiösen Grundauffassung her mußte Erasmus, wie noch näher zu zeigen ist, die Rechte des einzelnen besonders hochschätzen. Das zeigt sich vor allem bei seinen Gedanken über die Entstehung und den Zweck des Staates.

2. Enstehung und Zweck des Staates

Bei der weitgehend organischen Betrachtungsweise, in der Erasmus den Staat sieht, sollte man erwarten, daß er gleichzeitig den Staat als Schöpfung Gottes und als etwas von der Natur Vorgegebenes versteht. Erasmus sieht die Entstehung des Staates jedoch weit rationaler. In der Querela pacis schreibt Erasmus: „Die übrigen Wesen rüstet die Natur mit natürlichen Schutzwaffen zur Selbstverteidigung aus, nur den Menschen hat sie wehrlos und gebrechlich erschaffen, so daß seine Sicherheit lediglich auf einem freundschaftlichen Bündnis mit seinesgleichen beruht. Die Not führte die Menschen zur Staatsbildung und zu Staatsbündnissen, damit sie sich mit vereinten Kräften der Heimtücke der wilden Tiere und Räuber erwehren könnten. So findet man im Bereich des Menschlichen nichts, was sich allein genügen vermöchte[46]."

Denken lag ihm fern und ist für seine Werke untypisch. Es ist darum auch unrichtig, wenn *Treinen* die Methode von F. *Geldner,* der Erasmus nicht als Philosophen sieht, mit scharfen Worten verurteilt (S. 172 f.). F. *Geldner* kommt zwar in seiner Untersuchung der Staatsauffassung und Fürstenlehre des Erasmus verschiedentlich zu falschen Ergebnissen, und Wesentliches bleibt unausgesprochen; aus historischer Sicht aber hat er die größeren Zusammenhänge richtig gesehen. Zu für die Staatslehre brauchbaren Ergebnissen sind allerdings beide nicht vorgestoßen.

[45] Es sind *Grotius* sowie die englischen Staatsdenker des 17. Jahrhunderts, denen das Verdienst zukommt, den Staat erstmals klar als Rechtssubjekt erfaßt zu haben (*Jellinek,* S. 169; *Häfelin,* S. 24 ff.).

[46] LB. IV, 627 D: Civitates reperit necessitas, et ipsarum inter se societatem necessitas, ... Übersetzung nach P. v. *Arx,* Klage des Friedens, S. 15 f.

Erasmus unterscheidet sich mit dieser Auffassung von den antiken und frühmittelalterlichen Autoren, die für die mittelalterliche Staatslehre maßgebend waren.

Seit *Aristoteles* war das für die Staatsgründung entscheidende Motiv der angeborene gesellige Trieb des Menschen[47]. *Aristoteles* betonte, die Menschen hätten sich nicht nur vereint, um ihre vornehmste Bestimmung zu erreichen, sondern auch um des Lebens selbst willen. Der Nutzen scheine es zu sein, der die staatliche Gemeinschaft ins Leben gerufen habe[48]. Diese beiden Elemente, Naturtrieb und Vernunft, finden sich bei *Cicero* wieder. Den treibenden Grund zur Staatsgründung bildet die gesellige Natur des Menschen, die Familie ist der Ausgangspunkt für die Entwicklung zum Staat; die geschichtliche Entstehung aber läßt *Cicero* durch bewußte Staatsgründung erfolgen[49]. Auch bei *Augustin*, der sowohl den Faktor der sozialen Veranlagung als auch das vernunftgemäße Handeln des Menschen bei der Staatsgründung betont, treten diese zwei Elemente hervor[50]. *Thomas von Aquin* folgte ebenfalls der aristotelischen Lehre[51].

Im Gegensatz zu diesen Autoren führt Erasmus die Gründung des Staates nicht auf die gesellige Anlage des Menschen, also auf dessen Natur, zurück, sondern sieht die Staatsgründung als einen Akt der Vernunft mit einem bestimmten Zweck. Mit dieser einseitigen Betonung des Elements der Vernunft kommt Erasmus mit seiner Theorie der *Platos* sehr nahe, der den Staat auf die Bedürfnisse der Menschen begründet sieht[52]. Die Menschen der Urzeit, welche ohne Gesetz und Zucht lebten, glichen nach Erasmus in Wirklichkeit mehr Tieren als Menschen[53]. Wenn Erasmus die Menschen sich dann aus Not zusam-

---

[47] Vgl. *Aristoteles*, Politik Buch I Kap. 2, wonach der Staat zu den von Natur bestehenden Dingen gehört und der Mensch von Natur ein staatliches Wesen ist und mehr noch als jede Biene ein dem Staat zugehöriges Wesen ist. *Jellinek* (S. 219 f.) bezeichnet alle jene Theorien, die den Staat als ein Gebilde der Natur, als ein Produkt des Volksgeistes oder als eine geschichtliche Tatsache bezeichnen, als „psychologische Theorien".

[48] *Aristoteles*, a. a. O., und Ethik Buch 8 Kap. 11; vgl. W. *Siegfried*, S. 24 f.

[49] *Cicero*, De re publica I 25, 39; De officiis I, 44, 157; II 21, 73; vgl. E. *v.Hippel* I, S. 200.

[50] *Augustin*, De Civ. Dei 19, 14—19; vgl. *Schilling*, Augustin, S. 58 ff.

[51] Thomas *v. Aquin*, Summa Theologica 2, 1, q. 94 a. 2; 2, 1, q. 72 a. 4 (homo habet naturalem inclinationem ad hoc, quod in societate vivat . . . homo est naturaliter animal politicum et sociale).

[52] Der Staat 369 b: Ein Staat entsteht doch, weil jeder von uns sich nicht selbst genügt, sondern vieler bedarf . . . Wenn dann so einer den anderen herbeiholt, einen für dieses und andere für jenes Bedürfnis, bringen wir viele Genossen und Gehilfen an einen Wohnplatz zusammen und geben solcher Ansiedlung den Namen Staat . . .

[53] Ausgewählte pädagogische Schriften, S. 52.

menschließen und Staaten bilden ließ, so betrachtet er den Staat nicht als das Ergebnis natürlicher menschlicher Anlagen, sondern als zweckbestimmten Rechtsvorgang[54]. Damit unterscheidet er sich vom antiken Staatsdenken einschließlich dem *Ciceros*. *Erasmus* schildert uns an mehreren Stellen, wie dieser Vorgang der Staatsgründung nach seiner Meinung erfolgt ist. Danach beruht der Staat auf dem Vertragsverhältnis zweier Parteien, des Volkes und des Herrschers, das gegenseitige Rechte und Pflichten begründet[55]. Mit dieser Auffassung stellt sich Erasmus in den Kreis jener modernen mittelalterlichen Lehre vom Unterwerfungsvertrag[56], die sich später im Naturrecht fortsetzte und unter *Hobbes, Locke* und *Pufendorf* über *Rousseau* bis hin zu *Kant* ihre volle Ausprägung erfuhr. Erasmus ist sich der Richtigkeit seiner Vertragstheorie allerdings nicht ganz sicher: die Einschränkung „wenn ich mich nicht irre" (ni fallor) zeigt wohl, daß Erasmus sich bei dem Gedanken nicht ganz wohl fühlte, sich mit seiner Auffassung in Gegensatz zur kirchlichen Meinung in dieser Frage zu setzen. Die Kirche ging von der Annahme aus, daß seit der Ankunft Christi die Rechte des Volkes auf ihn und durch ihn auf *Petrus* und seine Nachfolger übergegangen seien[57]. Aus dieser Sicht war daher das Volk im Gegensatz zur Meinung des Erasmus nicht befugt, seine Rechte einem weltlichen Herrscher zu übertragen oder den Heimfall seiner Rechte geltend zu machen.

Wir stellen also fest, daß Erasmus die Entstehung des Staates nicht aus der natürlichen Veranlagung des Menschen, sondern aus seinem Schutz- und Sicherheitsbedürfnis erklärt. Der Prozeß der Staatsbildung

---

[54] Man mag darüber streiten, ob der Zusammenschluß von Menschen zum Schutz gegen Feinde, wie ihn sich Erasmus vorstellt, nicht nur ein tatsächlicher Vorgang ist. Das umstrittene Problem, ob die Entstehung des Staates als rechtlicher oder nur tatsächlicher Vorgang zu begreifen ist (dazu neuerdings H. *Krüger*, S. 701 und 919), hat Erasmus sicherlich nicht bewegt. Auch wenn man dieses Schutzbündnis lediglich als einen auf den inhaltlich zusammenfallenden Einzelinteressen beruhenden Modus vivendi betrachtet, so wird doch die Staatsgründung bei Erasmus dadurch zu einem rechtlichen Vorgang, daß das Volk mit dem Herrscher den Unterwerfungsvertrag schließt.

[55] Vgl.: Dulce bellum inexpertis (LB. II, 951 B ff.) dort: LB. II, 965 C: Hoc ipsum ius, quod habes, populi consensus dedit. Eiusdem autem, ni fallor, est tollere, qui contulit. Dieses Recht, das du besitzt, hat dir die Zustimmung des Volkes gegeben. Derjenige, der dir das Recht übertrug, kann es, wenn ich mich nicht irre, wieder fortnehmen.
Ferner: LB. IV, 579 B, D: Consensus principem facit . . . Mutuum ius inter principem ac populus . . . Mutuum inter principes ac populum commercium . . . LB. IV, 601 A: Quid est enim quod principem tantum facit, nisi consensus obsequentium?

[56] Sie wurde im Mittelalter namentlich von Marsilius *von Padua* Def. Pac. I, 12, 15, Wilhelm *von Ockham*, Dialogus III tr. 21. 2 c. 24 und von Nic. *Cus.* Vol. III L. II c. 8, 10, 12, 13 entwickelt.

[57] Vgl. *Gierke* III, S. 571.

und die Verteilung der Staatsgewalt beruhen auf dem Unterwerfungsvertrag zwischen Herrscher und Volk. Auf diese Weise vereint Erasmus
in seinem Staatsbild die herkömmlich-mittelalterliche organische
Staatsbetrachtung mit der modern-mittelalterlichen Auffassung des
Staates als Vertragsstaat.

Wenn Erasmus die Staatsgründung damit begründet, daß die Not die
Menschen zusammenführte, so sagt er hiermit noch nichts über den
Staats*zweck*. Erasmus bezeichnet hier nur die Ursache für die Staats-
gründung[58].

Erasmus nimmt einen doppelten *Staatszweck* an. Zweck des Staates
ist einerseits die Verwirklichung des *Gemeinwohls* und der *Wohlfahrt* des Volkes. Bei allen seinen Handlungen soll der Herrscher den
gemeinen Nutzen im Auge haben. Erasmus beschreibt in der Institutio,
wie sich der Fürst zu verhalten hat, um diesen Staatszweck zu verwirklichen[59], und fügt hinzu, auch die Gesetze müßten diesen Zweck er-
füllen[60]. Dieses Gemeinwohl, das Erasmus, ohne es genau zu erläutern,
mit den Begriffen „bonum commune"[61], „optimum rei publicae" und
„publica utilitas" umschreibt, entnimmt er der aus dem Naturrecht
stammenden Charitasidee. Sie, die Erasmus als Norm der christlichen
Religion betrachtet[62], wird hier zum Staatszweck und Gegenbild eines
fürstlichen Egoismus und Privatinteresses. Diese modifizierte Verwendung des Charitasgedankens im staatlichen Bereich zeigt uns, daß sich
für Erasmus christliches und weltlich-staatsbürgerliches Leben nicht
voneinander trennen lassen. Im Begriff des Gemeinwohls verbindet sich
das aufgeklärte eudämonistische Bildungsstreben mit der vom
Christentum geforderten Liebesgesinnung — beides in seiner Anwen-
dung auf den Staat — zu einer festen Einheit. So findet die humanistische Staatsanschauung in ihrer Abhängigkeit von der Antike und
ihrer Auseinandersetzung mit dem Christentum bei Erasmus ihren
vollendeten Ausdruck[63].

---

[58] Erasmus unterscheidet hier im Anschluß an die aristotelische Philosophie
zwischen bewegender oder wirkender Ursache einerseits und Zweck andererseits (causa movens und finalis); vgl. J. E. *Erdmann*, S. 71; W. *Windelband*,
§ 13,2; über die Trennung von causa movens und causa finalis in der aristotelischen Staatsphilosophie, vgl. W. *Siegfried*, S. 19, 22 f.

[59] LB. IV, 571 A, 577 A, 606 F, 609 B, 611 A.

[60] LB. IV, 595 D.

[61] Dieser Begriff zieht sich durch die gesamte Institutio, in deren Widmung
Erasmus bereits erklärt: Non possum aliud quaesisse videri quam publicam
utilitatem, quam ut Regibus ita et Regum amicis ac famulis oportet unicum
esse scopum (LB. IV, 599).

[62] H. *Treinen*, S. 126 ff.

[63] W. *Maurer*, S. 15; vgl. auch a. a. O. in Anm. 2 den Überblick über die Entwicklung der Begriffe salus publica, bonum commune und communis utilitas
in Antike und Mittelalter.

Von diesem Ziel des Gemeinwohls werden alle fürstlichen Funktionen durchdrungen: Auswärtige Politik, Gesetzgebung und die gesamte Einstellung des Fürsten gegenüber seinen Untertanen[64].

Andererseits hat der Staatszweck bei Erasmus neben der ausreichenden Sicherung der Wohlfahrt und Wahrung des Gemeinwohls zugleich einen höheren Inhalt. Diesen sieht Erasmus darin, daß die Bürger *glücklich* (beatus) sind, nicht durch Reichtum und materielle Güter, sondern weil sie fromm, bescheiden, nicht geizig, nicht zornig und zänkisch, sondern einträchtig sind. Um nichts mehr als um diesen glücklichen Zustand des Volkes, dessen *Glückseligkeit*, soll sich der Fürst bemühen[65].

Erasmus teilt uns im einzelnen mit, welches nach seiner Meinung die Voraussetzungen dieser Glückseligkeit sind. Neben der christlichen *Frömmigkeit*[66] sind Voraussetzung der Glückseligkeit *Gerechtigkeit* und *Gleichheit*, die *Freiheit*, sowie die richtige *Erziehung* und *Bildung* des Volkes. Die Forderung nach Gleichheit und Gerechtigkeit[67] hat Erasmus immer besonders am Herzen gelegen: Es sei nicht das wahre Glück, wenn das Volk in Luxus und Muße dahinlebe. Es sei auch nicht die wirkliche Freiheit, wenn jeder machen könne, was er wolle. Es sei auch nicht gerecht, wenn alle Bürger den gleichen Lohn und das gleiche Recht hätten. Dies sei manchmal sogar die größte Ungerechtigkeit[68]. Die Gesetze müßten dafür Sorge tragen, daß niemandem Unrecht geschehe, weder dem Armen noch dem Reichen. Den Schwachen und Armen aber sollen sie mehr helfen[69].

Der Erziehung und Bildung des Volkes hat die Pädagoge Erasmus in seinen Schriften besondere Aufmerksamkeit geschenkt. Wo auf

---

[64] Bei Abschluß von Verträgen LB. IV, 603 A: In pagendibus foederibus, quemadmodum et caeteris in rebus, non alio spectabit princeps, quam ad publicam utilitatem; bei Vertragsbruch des Partners LB. IV, 604 A: Neque statim id sequaris, quod dictat ira, sed quod publica suadet utilitas; zur allgemeinen Gesetzgebung LB. IV, 602 A: Expedit igitur ut leges sint quam paucissimae, deinde quam aequissimae et ad publicam utilitatem conducibiles; zur Steuergesetzgebung LB. IV, 595 E: In condendis autem legibus illud in primis cavendum erit, ne quid oleant fisci lucrum . . ., sed ad exemplar honesti, et ad publicam utilitatem referantur omnia; zur Einstellung gegenüber dem Volk LB. V, 48 D: Non ea quae publica sunt, in tuum commodum verte, sed quae tua sunt, teque ipsum totum, ad publicam utilitatem effunde. Multa tibi debet populus, at illi debes omnia.

[65] LB. IV, 592 C, 605 B.

[66] Die Ansichten des Erasmus zu dieser Frage können hier nicht vertieft werden; s. dazu Enchiridion militis christiani LB. V, 2 ff.; im einzelnen hierzu die Arbeiten von A. *Auer*, P. *Mestwerdt* und J.-R. *Pineau*.

[67] Dazu später sub IV, 1; vgl. zu Freiheit und Gleichheit bei Erasmus auch *Treinen*, S. 177 ff.

[68] LB. IV, 592 D.

[69] LB. IV, 598 E, 602 A.

Erden etwas Gutes geschieht, da ist es die Frucht rechter Erziehung. Menschen werden nicht geboren, sondern gebildet[70]. Die Pädagogik des Erasmus hier im einzelnen zu verfolgen, ist nicht Aufgabe dieser Arbeit. Für das Staatsbild des Erasmus ist allein von Interesse, daß es für die Glückseligkeit unabdingbar ist, die falschen Meinungen des Volkes, die die Hauptursachen der Sünde sind, auszurotten durch eine gute Unterrichtung des Volkes[71], wobei diese an der Idee der publica utilitas ausgerichtet zu sein hat. Hier wird die Idee der publica utilitas zum Bildungsbegriff, der Staat, der diese in sich zu erreichen trachtet, zur Erziehungsanstalt. Es zeigt sich hier, daß der moderne Staat unter anderem dadurch geschaffen wird, daß der Humanismus sein aus der Antike übernommenes und durch den sittlichen Geist des Christentums geformtes Bildungsideal der weltlichen Gewalt anvertraute[72].

Doch damit der Fürst das Volk bilden und erziehen konnte, mußte er selbst erzogen werden. In dem optimistischen Glauben, von der Erziehung der Fürsten hänge das Schicksal des Staates ab, schrieb Erasmus die Institutio.

Indes ist alles dieses, wie Erasmus meint, verlorene Mühe und das bonum commune als optimum rei publicae sowie der glückliche Zustand des Volkes unerreichbar, wenn es nicht gelingt, Frieden herzustellen und zu bewahren; so ist der Friedensgedanke[73] bei Erasmus für seine Theorie über die Staatszwecke von grundlegender Bedeutung[74].

Mit diesem Dualismus der Staatszwecke schließt Erasmus sich eng an die antiken und mittelalterlichen Lehren vom Staatszweck an. Die Theorie vom doppelten Staatszweck findet sich bereits klar ausgeprägt bei *Aristoteles*, der einen vorläufigen und bedingten Staatszweck in der Sicherung des bloßen Lebens annimmt, und darüber hinaus einen höheren, endgültigen in der Verwirklichung des glückseligen und autarken Daseins[75]. Den gleichen Gedanken finden wir bei *Cicero* wieder[76]. *Augustin* formuliert den Staatszweck im wesentlichen gleich,

---

[70] Ausgewählte pädagogische Schriften, S. 52.

[71] LB. IV, 597 C und öfter.

[72] W. *Maurer*, S. 16.

[73] Dieser steht bei Erasmus über dem Begriff der tranquillitas im engsten Zusammenhang mit der publica utilitas; tranquillitas, im Gegensatz zu tumultus, deckt sich weitgehend mit der publica utilitas; vgl. W. *Maurer*, S. 25, Anm. 1 a. E.

[74] Dem erasmischen Friedensdenken ist daher sub IV, 3 ein selbständiger Abschnitt gewidmet.

[75] *Aristoteles*, Politik 1280 b—1281 a, Übersetzung nach O. *Gigon* (Politik und Staat der Athener, Zürich 1955); vgl. W. *Siegfried*, S. 21.

[76] Staatszweck ist die beata civium vita, Cicero ad Atticum VIII, 17. Der Staat ist nicht Selbstzweck, sondern Mittel und Lebensform, welche die

jedoch betont aus christlich-theologischer Sicht. Als Hauptziel stellt er das Gebot des Friedens voran. Frieden ist bei *Augustin* die Sicherung der Bürger gegen äußere Feinde und die Herstellung und der Schutz geordneter Verhältnisse im Innern[77]. Neben die Sorge für die innere Ordnung und Ruhe des Staates tritt als Staatszweck die Glückseligkeit. Diese wird dadurch erreicht, daß der Staat das sittliche und religiöse Leben seiner Untertanen im christlichen Geiste fördert[78].

Bei *Thomas von Aquin* besteht der Hauptzweck der menschlichen Gesellschaft in der Erreichung der ewigen Glückseligkeit, während der Zweck der staatlichen Gemeinschaft im bene vivere, im tugendgemäßen Leben oder dem Gemeinwohl zu suchen ist. Tragendes Element des Gemeinwohls sind Frieden und Gerechtigkeit[79].

Vergleicht man die Lehren der genannten antiken und mittelalterlichen Autoren mit der des Erasmus, so fällt eine weitgehende Übereinstimmung auf. Sie alle weisen eine einseitige materialistische Betrachtung des Staatszweckes zurück, sehen vielmehr im Staat zugleich einen höheren geistigen und moralischen Zweck. Von den antiken Lehren unterscheidet sich die Auffassung des Erasmus vor allem dadurch, daß der antike Eudämonismus bei Erasmus zu einer beatitudo im christlichen Sinne emporwächst. Von *Augustin* und *Thomas* unterscheidet sich Erasmus schon durch seine vom rationalen Humanismus geprägte Bildungsreligion und sein dieser entspringendes neues humanistisches Menschenbild. Dieser gegen das theologisch-philosophische Gedankengebäude der Scholastik gerichtete Neuansatz, dessen antiker Gegenpol der der gnostischen Richtung nahestehende Orgines[80] war,

---

beata vita ermöglicht; zu diesem glücklichen Leben gehören zwar auch äußere Voraussetzungen, seinen Kern aber findet es in der Tugend (E *v. Hippel* I, S. 204).

[77] De civitate Dei 19, 11; 19, 12.

[78] O. *Schilling*, Augustin, S. 74 f.; nach der Überzeugung des Augustin fügen sich die irdischen Zwecke des Staates, die Sorge für Wohlfahrt, Sicherheit und Recht, harmonisch ein in den Gesamtkomplex der durch den göttlichen Weltplan fixierten Ziele der Menschheit; jene Zwecke kommen erst dann zur Entfaltung und Geltung, wenn die christlichen Ideale ihnen als Leitsterne dienen.

[79] s. Thomas *von Aquin*, De rigimine principum 1, 14; vor allem Summa Theologica 2, 1, q. 90, a 2. Vgl. *Schilling*, Thomas *von Aquin*, S. 64 f. Thomas *von Aquin* lehnt sich mit seiner Bestimmung des Staatszwecks stark an die aristotelische Theorie an; bedingt durch das Verhältnis von Kirche und Staat aus thomistischer Sicht (die weltliche Gewalt untersteht der geistlichen wie der Leib der Seele), lehrt *Thomas* jedoch, daß der Kirche der höchste Zweck zukomme, der Staat den untergeordneten Zweck zu wahren habe, den er in Unterordnung unter die Kirche zu verwirklichen habe, der die Sorge für die höchsten Interessen anvertraut sei.

[80] *Origines* (184—254), Vertreter der älteren Patristik, Gründer der christlichen Theologie als Wissenschaft, verschmolz die Lehren des frühen Chri-

ging davon aus, daß das Evangelium zwar die höchste göttliche Offenbarung, aber zugleich auch die Krönung antiker Humanitas war[81]. Durch die Kraft der guten Natur hatte die Antike schon Wahrheiten aus sich gefunden, aber dazu kommt, so sieht es Erasmus, in ihren bedeutenden Männern eine Art von Vorauswirken christlichen Geistes[82].

Die enge geistige Verbindung zu der Antike und den Kirchenvätern, seine philologische Genauigkeit und sein Drang zum reinen und unverfälschten Glauben führen Erasmus dazu, die Menschheit zurückzurufen zu den Quellen der Heiligen Schrift. Eine wirre Gelehrsamkeit, eine perturbata doctrina, habe die Reinheit der Quellen getrübt[83]. Nur die Verbindung von antiker Bildung und christlichem Glauben konnte für Erasmus zum wahren Christentum führen; nicht pietas und nicht religio und theologica, sondern humanitas hieß die Forderung der Zeit aus der Sicht des Erasmus[84]. Die christliche Liebe ohne Bildung und Wissen ist für ihn wie ein Schiff ohne Steuer[85]. Erziehung und Bildung des Volkes sind daher für Erasmus in einem christlichen Staat ein echtes staatliches Anliegen und somit Bestandteil des Staatszwecks.

Wesentliches Element und richtungweisend für das erasmische Ideal einer respublica christiana ist die Symbiose von humanitas und libertas. Mit seiner Auffassung vom freien Willen zeichnet Erasmus das Menschenbild, nach dem der Christ weder ein scholastischer Barbar bleiben durfte, noch durch die antike humanitas in seinem Christentum gefährdet und zum Helden gemacht werden, sondern zum wahren freien christlichen Menschen werden sollte, dessen christlicher Glaube, frei von flachem Formalismus und Symbolismus, sich primär ausweist in der Bezogenheit auf den Mitmenschen in Gedanken und Gefühl, Wort und Tat; Christsein ist für Erasmus personelle Existenz als von Christus her gelebte Mitmenschlichkeit[86] [87].

---

stentums mit der antiken (neuplatonischen) Philosophie und hatte damit ein ähnliches Anliegen wie Erasmus. Dieser sagt über ihn, daß eine Seite von ihm mehr belehre als zehn des *Augustin* (Brief an Joh. *Eck* vom 15. 5. 1518, *Allen* III, 330).

[81] R. *Pfeiffer*, S. 9; wie R. *Newald*, S. 228 zu Recht ausführt, ist diese enge Verbindung die Grundlage des erasmischen Weltbildes.

[82] Vgl. dazu LB. I, 681 F ff. und LB. I, 683 D/E: Sancte Socrates, ora pro nobis! Erasmus sieht in *Socrates* einen wirklichen Heiligen. Auf die bedeutungsvolle Stelle weisen auch E. *Cassirer*, Mythus, S. 115 und R. *Pfeiffer*, S. 9, hin.

[83] *Allen* II, 90 ff.

[84] R. *Pfeiffer*, S. 13.

[85] LB. X, 1718 F.

[86] F. *Heer*, S. 35, der in Erasmus den Wegbereiter des christlichen Personalismus im 20. Jahrhundert sieht.

[87] Erasmus setzte sich mit seiner philosophia Christi in Gegensatz zum augustinischen Determinismus, zugleich auch zur thomistischen Lehre. 1559

Erasmus hatte sich gegen Vorwürfe, seine Ansichten seien weltlich und heidnisch, zu rechtfertigen, wobei er sich auf die Kirchenväter *Origines, Hieronymus* und *Basilius* berief. Er konnte sagen, daß er das Gute im Heidentum mit dem Christlichen versöhne. Der antike Menschlichkeitsbegriff erhielt für ihn seine Krönung in der göttlichen Offenbarung des Evangeliums. Damit wurde zugleich die antike Auffassung von Menschentum und Menschenwürde wiederhergestellt. Es lebte die Forderung nach innerer Freiheit wiederum auf, die auf der freien Entschließung und dem freien Handeln beruht. „So fiel dem Menschen die volle Verantwortung für seine Handlungen zu, und damit nahm er die Pflicht auf sich, zum wahrhaft christlichen inneren Kriegsdienst, in dem die bonitas naturae, der im Grunde guten Menschennatur zum Siege verholfen und damit die tranquillitas Christi hergestellt wurde[88]."

Dieses Menschenbild mußte der letzte Maßstab sein bei der Ordnung der weltlichen Dinge. Nur von diesem Menschenbild ließ sich der Sinn des Staates verwirklichen und der Zweck der respublica christiana als Vorbild für die Einzelstaaten verfolgen. Die Glückseligkeit der Staatsbürger konnte nur über das reine, vom Evangelium aufgezeichnete Christentum erreicht werden. Der Kern des Staatszwecks bei Erasmus ist die Verwirklichung der von ihm geprägten christlichen humanitas, der philosophia Christi. Von hier aus gesehen erscheint uns die Idee des Staatszwecks bei Erasmus, vergleicht man sie mit den Lehren seiner großen Vorgänger, als eine neuartige, antikes und christliches Denken ganzheitlich umfassende Betrachtungsweise.

3. Rechtfertigung der Staatsgewalt

Mit der Frage, woher der Staat das Recht nimmt, den freien Willen des Bürgers zu binden, dem einzelnen Befehle zu erteilen und die Durchführung derselben gegebenenfalls zu erzwingen, hatte sich bereits die patristische Literatur beschäftigt. Sie löste diese Frage nach

---

setzte Papst *Paul IV.* alle Werke des Erasmus auf den Index. Aber auch gegen *Luther* wirkte seine Bildungsreligion. Lange hat man versucht, die theologischen und philosophischen Ideen des Erasmus zwischen den konfessionellen Steinen zu zermahlen. Erst das 17. Jahrhundert führte wieder zu einem positiveren Erasmusverständnis. Die humanitas erasmiana und seine philosophia Christi können im Rahmen dieser Arbeit nur insoweit angedeutet werden, als es für das Verständnis des erasmischen Staatsdenkens von Bedeutung ist. Für Einzelheiten wird verwiesen auf die einschlägigen Untersuchungen von E. *Cassirer*, E. *Troeltsch*, J. *Huizinga*, R. *Pfeifer*, R. *Newald*, R. *Stadelmann* und A. *Gail*.

[88] R. *Pfeiffer*, S. 14; R. *Newald*, S. 15.

der Lehre des *Apostel Paulus* in Römer 13, 1[89]. Auch für *Augustin* ist diese Auffassung selbstverständlich; immer kehrt bei ihm das „non est potestas nisi a Deo" wieder. Die gesamte natürliche Ordnung hat ihre letzte Wurzel im Willen und Weltplan Gottes[90]. Die Patristik beschränkte sich jedoch nicht darauf, diese Erkenntnis einfach als theologisches Dogma zu übernehmen. Den Kirchenvätern erscheint die Stelle aus dem Römerbrief vor allem als natürliche Wahrheit, als Gebot der Vernunft in der Einsicht in die Notwendigkeit einer obrigkeitlichen Gewalt für die staatliche Existenz[91]. In der Scholastik wird diese Lehre von *Thomas von Aquin* fortgeführt[92].

Die Frage nach dem Ursprung und der Rechtfertigung der Staatsgewalt hat auch Erasmus wiederholt beschäftigt. Auch für ihn findet die staatliche Gewalt, die bindende Kraft der menschlichen Gesetze, ihren Ursprung in Gott. Das Pauluswort ist auch für Erasmus die letzte Wahrheit[93]. Die staatliche Gewalt ist dem Herrscher von Gott verliehen. „Alle Welt kommt von Gott. Gott hat dir das Reich gegeben, um es zu regieren[94]." In einem Brief an *Franz I.* von Frankreich[95] schreibt Erasmus, daß den Königen ihr Schwert von Christus anvertraut sei[96]. Damit lehnt er jene mittelalterlich-kirchliche Lehre ab, nach der die weltliche Gewalt ihre göttliche Sanktion und Vollmacht nicht direkt aus Gottes Hand, sondern durch kirchliche Vermittlung besaß. Erasmus stellte sich vielmehr auf die Seite der weltlichen Lehre, nach der das imperium unmittelbar von Gott stammte (imperium a Deo) und deshalb auch nur von Gott, nicht von der Kirche, abhing (imperium non dependet ab ecclesia)[97].

---

[89] Jedermann sei untertan der Obrigkeit, die Gewalt über ihn hat. Denn es ist keine Obrigkeit, ohne von Gott; wo aber Obrigkeit ist, die ist von Gott verordnet. Wer sich nun der Obrigkeit widersetzt, der widerstrebt Gottes Ordnung . . .

[90] *Schilling*, Augustin, S. 65 f.

[91] *Schilling*, Thomas *von Aquin*, S. 91.

[92] Vgl. Thomas *von Aquin*, De regimine principum 1, 1: Da der Mensch ein von Natur soziales und politisches Wesen ist und er sein Ziel nur in der Gemeinschaft mit anderen erreichen kann, sind Staat und Staatsgewalt, ohne die die Gemeinschaft nicht bestehen kann, in der sittlichen Ordnung begründet. Die Staatsgewalt ist eine natürlicher Notwendigkeit entsprechende Einrichtung. In jeder geordneten Gemeinschaft muß eine leitende Stelle vorhanden sein, durch die jene in richtiger Weise zum angemessenen Ziel gelenkt wird.

[93] Vgl. Colloquia LB. I, 798 E, Übersetzung Schiel, S. 582. Im Fischgericht wird auf die Frage, woher die menschlichen Gesetze ihre bindende Kraft besäßen, die Antwort gegeben: Aus den Worten des *Paulus*: Seid untertan der Obrigkeit.

[94] Enchiridion, S. 99, LB. V, 49 D.

[95] Brief vom 1. Dezember 1523, *Allen* V, 352 ff. (Briefe S. 323 f.).

[96] Vgl. auch LB. IV, 570 A.

[97] *Gierke* III, S. 535 und daselbst Nachweise für die mittelalterliche Literatur.

Die Staatsgewalt, von Erasmus bezeichnet als majestas oder imperium, ist für ihn aber zugleich wesentlich ein Gebot der Vernunft. Erasmus schreibt im Enchiridion[98], das Gemeinwesen werde, weil es sich aus verschiedenen Arten von Menschen zusammensetze, wegen des Widerspruchs der Neigungen von häufigen Unruhen und Zänkereien entzweit, wenn nicht bei einem die oberste Befehlsgewalt liege. Deshalb sei es nötig, daß der Einsichtige mehr Gewalt habe und der weniger Einsichtige gehorche. Denn nichts sei törichter als das gemeine Volk, und es solle daher der Obrigkeit gehorchen und nicht selbst die Verwaltung führen wollen. In der Ratsversammlung solle man auf die Alten hören, doch so, daß die Entscheidung beim König liege, der von niemandem genötigt oder übergangen werden könne. Wenn nun in Verkehrung der Rollen das wilde Volk und die aufrührerische Hefe der Bürgerschaft den Alten etwas anzuordnen verlange oder wenn die Fürsten die Herrschaft des Königs nicht achten würden, so entstehe im Staat eine gefährliche Unruhe, und wenn dem Staat nicht durch göttliche Gewalt Hilfe gebracht werde, so gehe er dem Untergang entgegen. Oftmals kehrt bei Erasmus die Auffassung wieder, daß es einer Staatsgewalt schon deshalb bedürfe, weil das Volk zu töricht und uneinsichtig sei, um sich selbst zu regieren[99].

An diesen Gedanken des Erasmus ist zweierlei bemerkenswert. So fällt zuerst auf, daß Erasmus die Staatsgewalt hier in einem rein politisch-rationalen Gedankengang begründet, die Ordnung und Ruhe des Gemeinwesens als ein Gebot der Vernunft und der politischen Notwendigkeit betrachtet, wobei die theologische Rechtfertigung aus dem Römerbrief, der bei Augustin noch ganz im Vordergrund stand, hier völlig in den Hintergrund gedrängt wird[100]. Zum anderen ist erstaunlich, daß Erasmus, der stets die Würde und Freiheit des Christenmenschen besonders betont, hier entgegengesetzte Gedanken verfolgt. Die

---

[98] LB. V, 13 B, C. Nach der Übersetzung von Werner *Welzig,* Handbüchlein eines christlichen Streiters, S. 38.

[99] Vor allem in der Institutio findet sich durchgehend diese Auffassung. Vgl. LB. IV, 565 B; IV, 566 B; IV, 577 A, F; IV, 597 C; von *Plato* (Der Staat 514 a—521 b) übernimmt Erasmus dessen im Höhlengleichnis entwickelte Lehre, wonach die Masse des Volkes nur die Schatten der Dinge statt diese selbst sieht. Das Volk, stets geleitet durch verkehrte Meinungen und Torheit, sei nicht imstande, Richtiges von Falschem und Gutes von Bösem zu unterscheiden. Namentlich gegen den abergläubisch verflachten Volksglauben wendet sich Erasmus. (LB. I, 869 B; J. *Huizinga,* Herbst des Mittelalters, S. 232, 388).

[100] Diese Entwicklung zeigt sich schon in der Scholastik, der Humanismus prägt sie weiter aus und deutet damit die Entwicklung bis zur Gegenwart an, die die Staatsgewalt nur noch als politische Notwendigkeit und vom Volke stammend betrachtet. Das theologische Moment ist ausgeklammert. Vgl. G. *Jellinek,* S. 427 ff.; H. *Krüger,* S. 818; anders weiterhin die katholische Kirchenrechtslehre, s. *Eichmann-Mörsdorf,* Bd. I, S. 57.

geistig-politische Geringschätzung des breiten Volkes und sein daraus
folgender Ausschluß von der Herrschaft erscheinen uns als Beispiel
jener mittelalterlichen Lehre, die der monarchischen Idee bereits eine
absolutistische Prägung gab. Diese Lehre hatte sich behauptet, seitdem
die Juristen in der Zeit der Hohenstauffen dem Kaiser die plenitudo
potestatis des römischen Kaisers übertragen und die kaiserliche Macht-
vollkommenheit als Typus der Monarchie überhaupt behandelt
hatten[101].

Erasmus nimmt diese Idee wieder auf. Die Staatsgewalt, christlich
und rational zugleich gerechtfertigt, durch die Macht des Herrschers
verkörpert und in ihm konzentriert, muß stark sein. Sie ist für Erasmus
die Grundlage des Gemeinwesens, dessen Bestehen und Frieden ohne
diese nicht gewährleistet wäre. Andererseits wird die Forderung nach
einer starken Staatsgewalt bei Erasmus dadurch in Grenzen gehalten, daß er, wie nunmehr zu zeigen ist, eine Staatsform als ideal vorschlägt, die die Gewähr dafür bieten soll, daß die Staatsgewalt nicht
eine uferlose zu werden droht.

4. Staatsform

In der Antike, namentlich bei *Plato*, *Aristoteles* und *Cicero*, hat die
Frage nach der idealen Staatsform eine hervorragende Rolle gespielt.
Auch für Erasmus stellte diese Frage ein zentrales Problem dar. Sein
Wunsch, in Europa seinen Gedanken der respublica christiana aufzu-
richten, führte ihn notwendig zu der Überlegung, wie dieses Ziel auf die
Dauer am besten erreicht werden konnte. Zur Verwirklichung des auf-
gezeigten Staatszwecks der respublica christiana bedurfte es einer
geeigneten Staatsform.

Die Jahrhunderte vor dem Wirken des Erasmus sind gekennzeichnet
durch das Verständnis des Weltganzen als eines einheitlichen Reiches
mit Gott als Monarchen. Da nach der mittelalterlichen Auffassung jedes
Teilganze dem Weltganzen ähnlich sein sollte, ergab sich hieraus
zwangsläufig als Staatsform auf Erden die Monarchie. Die mittelalterlichen Lehren erklärten daher fast einmütig die Monarchie zur besten
Staatsform[102]. Diese Überzeugung entsprach der politischen Wirklichkeit: Bis auf die italienischen Seerepubliken waren alle bedeutenden
Staaten der Zeit Monarchien.

---

[101] *Gierke* III, S. 568. Daß Erasmus diesem absolutistischen Ansatz eine
ausgeprägte Lehre von den Grenzen der Staatsgewalt entgegengesetzt hat,
wird sub IV, 2 zu zeigen sein.

[102] *Gierke* III, S. 559, mit Nachweisen.

Erasmus hatte nicht die Absicht, an diesem jahrhundertealten Zustand etwas zu ändern, auch wenn manche seiner Gedanken dieses
könnten vermuten lassen. Die Wiederkehr der einheitlichen Ordnung
des Kosmos im weltlichen und staatlichen Bereich, die Polarität Gottes
in der Ordnung des Himmlischen und des Monarchen im weltlichen
Bereich, wie es dem mittelalterlichen Verständnis grundlegend war,
wird auch von Erasmus als selbstverständlich vorausgesetzt. Was Gott
in der Ordnung des Himmlischen ist, das ist der Bischof in der Kirche
und der Fürst im Staat[103]. Aus dieser Sicht drängt sich der Vergleich
des Fürsten mit Gott auf. Die ganze Institutio des Erasmus ist eine
Fürstenlehre, die dem Fürsten Gott als absolutes Vorbild[104] vor Augen
hält und ihm anrät, sein Vorbild so getreu wie möglich im weltlichen
Bereich nachzuahmen. Wie Gott als sein schönstes Ebenbild im Himmel
die Sonne geschaffen hat, so hat er als sein lebendiges Ebenbild unter
den Menschen den Fürsten geschaffen[105]. Wie Gott durch keine Gefühl-
wallungen berührt wird, so regiert er mit Vernunft die Welt. Nach
diesem Beispiel soll der Fürst bei allen, was er tut, unter Ausschluß
von Gefühlswallungen der Vernunft und der Stimme des Herzens
folgen. Wie man Gott nicht erkennt, sondern nur fühlt, so soll auch
das Volk nicht die Gewalt des Fürsten empfinden[106].

Diese Vergleiche zeigen, daß der Monarch bei Erasmus ganz im Mittelpunkt des Staatsgedankens steht. Jede Teilung der Herrschaft des
Fürsten mit dem Volk, jeder demokratische Zug war ihm im Grunde
unerwünscht und sogar verdächtig. Das läßt Erasmus in einem Brief aus
dem Jahre 1529 erkennen, in dem er über den Kampf der Reformisten,
Katholiken und Wiedertäufer schreibt, ihm scheine, daß sich in die
Wirren viele Juden und Heiden mengten, von denen die einen Christus
hassen, die anderen überhaupt nichts glaubten. Er ahne, jene hätten
eine Art Demokratie im Sinn, und hinter der ganzen Sache steckten
höchst raffinierte Pläne, deren Urheber bisher niemand näher
kenne[107]. Die Überzeugung des Erasmus, daß das Volk töricht sei, zum
Aufruhr neige und deshalb nicht in der Lage sei, selbst die Gewalt im
Staat auszuüben, deutet ebenfalls darauf hin, daß sein Staatsdenken
durchaus nicht demokratisch geprägt war. Der Gedanke einer Volkssouveränität, wie er in seinen Grundzügen bereits von *Lupold von
Bebenburg*, *Marsilius von Padua* und *Nicolaus von Cues* formuliert

---

[103] LB. IV, 569 F.
[104] LB. IV, 578 C: „exemplar absolutum".
[105] LB. IV, 570 A.
[106] LB. IV, 750 B.
[107] Brief an Alfons von Fonseca, Erzbischof von Toledo, vom 25. März 1529,
Allen VIII, 109 (Briefe S. 455 f.).

worden war, erschien Erasmus unrealistisch, ja gefährlich und deshalb unannehmbar.

In einem gewissen Spannungsverhältnis zu seinem monarchischen Denken steht allerdings seine tiefverwurzelte Überzeugung von der Freiheit des Christen, die zu verwirklichen eine der wesentlichen Aufgaben der respublica christiana ist. Aus diesem Freiheitsdenken hat man wiederholt herzuleiten versucht, daß der Humanist Erasmus in Anlehnung an die antike Staatslehre die republikanische Staatsform für die ideale halte[108]. Dabei wird jedoch völlig verkannt, daß Erasmus die christliche Freiheit gerade in der Monarchie verwirklicht sehen will und nicht in der Republik. Ihm ist klar, daß dieses Ziel nur erreicht werden kann, wenn der Fürst durch seine Regierungsweise die Freiheit der Bürger achtet und sein Regiment mit Milde, Beherrschung und Vernunft führt. Deshalb muß der Fürst von Jugend an in diesem Sinne erzogen werden. Weil Erasmus wußte, wie schwer es war, dieses Ziel zu erreichen, hat er durch seine Institutio versucht, den Fürsten, insbesondere den späteren *Karl V.*, schon frühzeitig auf den Weg der selbstbeschränkten Monarchie zu führen. Die genannten Autoren verstehen Erasmus daher falsch, wenn sie glauben, aus seiner Überzeugung von der Freiheit der Christen bereits notwendigerweise und ohne nähere Begründung ein republikanisch-demokratisches Denken des Erasmus folgern zu müssen.

Erasmus hatte seine Gründe, sich für das monarchische System auszusprechen. Er wußte, daß die alten Monarchien nicht plötzlich auf friedlichem Wege in andere Staatsformen umgewandelt werden konnten[109].

Schon das Gebot des Friedens verlangte es, den bisherigen monarchischen Zustand aufrechtzuerhalten. Es darf weiterhin nicht übersehen werden, daß Erasmus zu den europäischen Königshäusern seiner Zeit in persönlichen Beziehungen stand. Er wurde von ihnen empfangen und stand mit ihnen in einem ausgedehnten Briefwechsel. Die Gunst und

---

[108] Vgl. A. *Gail*, S. 66, der davon ausgeht, der erasmische Staat sei auf Freiheit gegründet, wesentlich Vertragsstaat, er könne nach christlicher Auffassung niemals absolut gesetzt sein und kenne darum ebensowenig ein Untertanenverhältnis wie eine eigentliche Herrschaft. Soweit (?) sei ein christlicher Staat respublica in jenem staatsrechtlichen Sinn des Wortes (?), und zwar genau genommen eine demokratische Republik . . . Auch *Geldner*, S. 86/88, glaubt, Erasmus in der Theorie als einen Demokraten zu sehen. Ebenso A. *Salomon*, S. 228: „Erasmus' idea of Christian liberty . . . implied the principle of social and political (!) democracy . . ." Im weiteren Verlauf seiner Studie spricht *Salomon* allerdings nur noch von spiritual (!) democracy (S. 230, 240). Zutreffend C. R. *Thompson*, S. 177: . . . it would not be correct to call him a democrat in a political or even a personal sense . . .

[109] Vgl. LB. II, 109 E: Sed esto, receptius est, quam ut convelli possit.

das Wohlwollen dieser Häuser waren beteiligt an den großen literarischen Erfolgen des Erasmus. Sicherlich war Erasmus dennoch, besonders seitdem sein Name in Europa einen guten Klang bekommen hatte, wirtschaftlich und geistig unabhängig. Man wird jedoch nicht fehlgehen, wenn man die persönlichen Bindungen zu den Monarchen seiner Zeit und die daraus entstandene geistige Verwandtschaft als ein Element sieht, das Erasmus in der Verteidigung der Monarchie bestärkt hat. Die reine Monarchie war sein Ideal. Sein Staatsdenken mündet eher in die absolute Monarchie als in die Republik[110].

Erasmus war indes nüchtern genug[111] zu erkennen, daß das Ideal der reinen Monarchie im Zeitalter der aufkommenden territorialen Machtstaaten in Europa nur ein Ideal sein konnte. „Wenn es einen Fürsten gäbe", so schreibt Erasmus[112], „der alle Tugenden in vollkommenem Maße besäße, dann könnte man die reine und uneingeschränkte Monarchie wünschen; ob das jemals der Fall sein wird, weiß ich nicht. Es wäre daher schon etwas Gutes und Wünschenswertes nach Lage der menschlichen Dinge, wenn uns nur ein mittelmäßiger Herrscher gegeben würde. Dann ist es das beste, die Monarchie mit der Aristokratie und der Demokratie zu vermischen, zu mäßigen und einzuschränken[113], damit sie nicht in Tyrannis ausarte, sondern die einzelnen Elemente sich gegenseitig die Waage halten. Wenn der Fürst dem Staate wohl will, wird er sagen, dadurch werde seine Macht nicht gemindert, sondern gemehrt, wenn nicht, so ist es um so besser, daß etwas vorhanden ist, das seine Gewaltregierung bricht und hemmt[114]."

Erasmus zweifelte also selber daran, daß es einen vollkommenen Fürsten, der das Ideal der reinen Monarchie wünschenswert erscheinen ließe, geben könne. Aus diesem Grunde setzt er sich für eine gemischte Staatsform mit nicht näher bestimmter Beteiligung des Volkes an der

---

[110] Erasmus zeigt sich insoweit nicht als typischer Humanist. Gerade in der humanistischen Literatur begegnen wir sonst einer ausgesprochenen Vorliebe für antik-republikanische Staatsformen. Vgl. *Gierke* III, S. 561 f.

[111] Die neuere Erasmusforschung weist darauf hin, daß Erasmus mehr Realist als *Luther* und *Machiavell* war, vgl. F. *Heer*, S. 9; J. *Huizinga*, Erasmus, S. 103; *Windelband-Heimsoeth*, S. 308.

[112] LB. IV, 576 D; vgl. die auffällige Übereinstimmung mit den Lehren des Thomas *von Aquin* bei *Schilling*, Thomas von Aquin, S. 123, mit Nachweisen.

[113] LB. IV, 576 E: Praestiterit monarchiam Aristocratiae et Democratiae admixtam temperari diluique . . .

[114] LB. IV, 576 E: in LB. I, 678 A (convivium religiosum) findet sich die entsprechende, bereits angeführte Stelle, wo Erasmus auf die Frage, welche Hilfe es gegen die Willkür schlechter Regenten gebe, antwortet: Vielleicht hätte man als erstes darauf achten sollen, den Löwen nicht in die Stadt zu lassen, alsdann müßte man seine Macht durch Rat und Einfluß eines Senats, von Beamten und Bürgern (auctoritate senatus, magistratuum ac civium) so beschränken, daß sie nicht ohne weiteres in Tyrannei ausarten kann.

Herrschaft ein. Die gemischte Staatsform ist für Erasmus ein Gebot der Vernunft. Erasmus vertritt diese Auffassung nicht aus der Sicht eines ursprünglichen Rechts der Gesamtheit, das jener ein Recht auf Herrschaft gewährt, sondern in der festen Überzeugung, daß die Monarchie die ideale Staatsform ist, jedoch wegen der ständigen Gefahr ihrer Entartung zur Tyrannis beschränkt werden muß. Mit dieser Lehre von der gemischten Staatsform[115] schließt sich Erasmus *Cicero* an, von dessen Schriften er im Convivium religiosum[116] gesagt hat, die Staatsmänner sollten sie Wort für Wort lernen. Auch *Cicero* gab der Monarchie als Staatsform den Vorzug. Er begründete sie mit der Herrschaft des einen Gottes in der Welt[117]. Als Mittel, die Entartung der Monarchie zu unterbinden, sah auch er eine Mischverfassung aus Monarchie, Aristokratie und Demokratie[118]. Dabei hielt er von der Demokratie am wenigsten. Das Prinzip quantitativer Gleichheit hielt er für ebenso ungerecht wie praktisch undurchführbar[119]. Die Freiheit des Bürgers war für *Cicero* auch ohne die demokratische Staatsform erreichbar. *Cicero* versuchte mit seiner Staatsform, die menschliche Freiheit mit göttlicher Ordnung zu verbinden und war damit über Jahrhunderte wegweisend für die Lehre von den Staatsformen. Bei *Augustin*[120] und *Thomas von Aquin*[121] fanden sich die gleichen Grundanschauungen wieder.

Erasmus folgt im Ergebnis mit seiner Lehre von der gemäßigten Fürstengewalt jener vermittelnden mittelalterlichen Richtung, die, einen gerechten Ausgleich zwischen Freiheit und Ordnung suchend, die Idee der unumschränkten Herrschaftsgewalt mit der eines ursprünglichen Rechts der Gesamtheit zu vereinen trachte, indem sie Herrscher und Gesamtheit einander gleichordnete, jedoch mit der Maßgabe, daß Erasmus die Beteiligung des Volkes nicht mit dessen ursprünglichen Rechten, sondern nur aus der Notwendigkeit, die Monarchie vor ihrer Entartung in die Tyrannis zu schützen, begründete.

---

[115] Zu diesen Ergebnissen kommen auch L. *Enthoven* S. 316 f. und A. *Renaudet*, S. 79 f.

[116] Colloquia, convivium religiosum, LB. I, 672 ff.; Übersetzung A. *Gail*, S. 615.

[117] E. *v. Hippel* I, S. 205.

[118] De re publica II, 29, 45.

[119] E. v. *Hippel*, a. a. O.; *Cicero*, de re publica I, 27, 43: „Es ist diese vollkommene Gleichstellung aller in der Teilnahme an der Leitung des Staates eine Unbilligkeit, weil sie keine Abstufung der Würde und des Verdienstes in sich schließt." Vgl. damit Erasmus LB. IV, 592 D: „Es ist auch nicht Gleichheit, wenn alle Bürger den gleichen Lohn, das gleiche Recht haben. Dieses ist manchmal die größte Ungleichheit."

[120] Vgl. O. *Schilling*, Augustin, S. 77.

[121] Summa Theologica 2, 1 q. 95 a. 4 und q. 105 a. 1; O. *Schilling*, Thomas v. *Aquin*, S. 120 ff.; *Gierke* III S. 577 mit Fußnote 165, daselbst mit Nachweisen für die weitere mittelalterliche Publizistik.

Die Anschauungen des Erasmus über die ideale Staatsform sind noch mittelalterlich[122]. Zwar sieht Erasmus, wie bereits nachgewiesen[123], den Staat als Vertragsverhältnis zwischen Herrscher und Volk, und die Staatsgewalt geht insoweit vom Volke aus. Dennoch ist das Volk nicht souverän: In letzter Linie geht die Staatsgewalt nach der Meinung des Erasmus nicht vom Volke aus, sondern sie stammt von Gott. Nach dieser gemäßigten Lehre von der Volkssouveränität[124] besaß ursprünglich das Volk die Staatsgewalt und übertrug sie durch den Unterwerfungs- vertrag auf den Herrscher; in letzter Linie stammt die Gewalt aller- dings von Gott (imperium a Deo), direkt aber geht sie vom Volke aus (consensus populi). So vereinigt Erasmus die Sinnelemente des Römer- briefs mit der Lehre vom Unterwerfungsvertrag in jener für ihn typi- schen Zusammenführung christlichen und rationalen Denkens. Auf diese Weise gelangt er zu einer gemischten Staatsform, die seiner kri- tischen Vernunft standhält und die Polarität Gottes im weltlich- monarchischen Bereich wahrt[125].

5. Kirche und Staat

Das mittelalterliche Prinzip der Einheit von Staat und Kirche beruht auf der Einheit und Geschlossenheit des gesamten Weltbildes. Die

---

[122] Das Staatsdenken des Erasmus ist in diesem Punkt keineswegs modern, besonders wenn man bedenkt, daß Männer, die vor ihm lebten, die Idee der Volkssouveränität bereits viel klarer und moderner ausgeprägt hatten. Vgl. etwa bei Marsilius *von Padua*, Defensor pacis, I. Kap. 7, 8, 12, 13, 15, 16 und Nic. *Cus.* Vol. III, L. III, c. 4, 41; L. II, c. 12, 13; s. auch E. *Reibstein*, S. 92 ff.; *Gierke, Althusius*, S. 123 ff.; es kann deshalb auch K. A. *Meissinger*, S. 225, nicht beigetreten werden, der ohne nähere Begründung davon ausgeht, Erasmus habe die spätere Lehre der Volkssouveränität in manchem vorweg- genommen und sei seiner Zeit darin weit voraus gewesen. Das Gegenteil ist richtig. Erasmus erweist sich in diesem Punkte als in hohem Maße konser- vativ.

[123] s. o. S. 33 f.

[124] Vgl. über Ursprung und Ausprägung dieser Lehre P. *Tischleder*, S. 88 f.; zur Entwicklung der Lehre von der Volkssouveränität s. *Gierke* III, S. 568 ff., S. 578 ff.; E. *Reibstein*, S. 92 bis 135; die katholische Staatslehre der Gegen- wart steht weiterhin auf dem Boden dieser Lehre, vgl. *Eichmann-Mörsdorf*, Bd. I, S. 58.

[125] Erasmus erscheint mit seiner Zurückhaltung gegenüber dem natürlichen Recht der Gesamtheit und der demgegenüber starken Betonung der fürst- lichen Autorität als Vorläufer der fürstlichen Souveränität *Bodins* im Gegen- satz zur Lehre von der Volkssouveränität bei *Althusius*; vgl. E. *Wolf*, S. 214 f.; *Gierke*, Althusius, S. 18 ff., 149 ff.; aber auch von dem Begriff der Staats- souveränität war Erasmus noch weit entfernt. Der Gedanke der Staats- souveränität war Erasmus verschlossen, solange ihm der Gedanke einer selbständigen, einheitlichen Staatspersönlichkeit fremd war, s. o. S. 28 ff.; zum begriffsgeschichtlichen Zusammenhang zwischen Staatspersönlichkeit und Staatssouveränität s. *Gierke*, Althusius, S. 136 f.; U. *Häfelin*, S. 24 mit Anm. 3).

mittelalterliche Kultur „war aufgebaut auf dem Gedanken eines absolut sicheren, garantierten und schlechthin einheitlichen Wahrheitsbe-
sitzes, der in der wunderbaren Stiftung des Christentums und der
Kirche unmittelbar aus der Wahrheit und Einheit Gottes selbst heraus-
floß und eben dadurch auch die Unterordnung aller bloß menschlichen
und relativen Lebenswerte unter den hiermit festgestellten absoluten
und jenseitigen Lebenswert bedeutet[126]". Aus diesem Prinzip der Einheit sowie der daraus folgenden Vorstellung der äußeren Verbandseinheit der Menschheit wurden sacerdotium und imperium nur als einzelne Funktionen dieses einheitlichen Organismus betrachtet. Während
des Mittelalters bleibt die Einheit dieses Organismus unbestritten. Der
mittelalterliche Geist ist sich dessen bewußt, daß der Dualismus von
Kirche und Staat kein endgültiger sein kann, daß vielmehr die Gegensätze ihre Aufhebung in einer höheren Einheit finden müssen[127]. In
diesem Rahmen bewegen sich die mittelalterlichen Theorien, die mate-
riell eine Trennung des moralisch-religiösen Gebietes vom weltlich-
politischen theoretisch durchführen und die geistliche Gewalt auf das
erstere beschränken wollen.

Noch im Jahre 1302 hatte Papst *Bonifaz VIII.* in seiner Bulle
„Unam sanctam" die alte Lehre von der plenitudo potestatis verkündet,
nach welcher der Kirche das geistliche und das weltliche Schwert
verliehen war, die Fürsten das weltliche Schwert nach den Weisungen
der priesterlichen Gewalt zu führen hatten. So empfing die weltliche
Gewalt ihr wahres Sein, so empfingen Kaiser und Könige ihr Herr-
schaftsrecht erst von der Kirche[128].

Im 14. Jahrhundert zeichnete *Marsilius von Padua* im Defensor
Pacis ein völlig anderes Bild von der kirchlichen Gewalt. Von seinem
positivistischen Ansatz aus vernichtete er theoretisch die Kirche als
eigenständige Institution. Sie war für ihn nichts anderes als die Menge
der Gläubigen, die im Staate aufgeht; für *Marsilius* war der Staat
die Kirche. Sie bildete keine besondere Gemeinschaft mehr, sie bestand aus denen, welche sich zum Christentum bekannten und deren
Gemeinschaft der Staat zu gestalten hatte[128a]. Ebenfalls im 14. Jahrhundert erhob *Wilhelm von Ockham* seine Stimme und bestritt die
päpstliche plenitudo potestatis, indem er lehrte, die weltliche Gewalt
sei unmittelbar von Gott eingesetzt, die Kirche sei ihrem Wesen nach
eine spirituelle Gemeinschaft, das Corpus Christi mysticum, nicht
Herrschaftsorganisation und Rechtsanstalt[129].

---

[126] E. *Troeltsch,* Trennung von Staat und Kirche, S. 13.
[127] *Gierke* III, S. 519.
[128] *Gierke* III, S. 525.
[128a] *Gierke* III, S. 533; E. *v. Hippel* I, S. 362 ff.; E. *Hassinger,* S. 3.
[129] E. *Hassinger,* S. 4; vgl. auch H. *Krüger,* S. 865, mit einem wohl neuartigen, wenn auch nicht überzeugenden Versuch, logisch nachzuweisen, daß

Man sucht bei Erasmus vergeblich eine systematische Darstellung des Verhältnisses von Kirche und Staat[130]. Da dieses Problem aber am Vorabend der Reformation und während der anschließenden Konfessionskämpfe noch an Bedeutung gewonnen hatte, finden sich bei Erasmus, verstreut in verschiedenen Teilen seiner Schriften, zahlreiche Stellen, die zusammengenommen ein Bild darüber vermitteln, wie Erasmus zu seiner Zeit das Verhältnis von Kirche und Staat sah.

Auch Erasmus bediente sich, wie schon aus den bisherigen Ausführungen hervorgeht, bei der Betrachtung dieses Problems der Zweischwerterlehre, jedoch nicht der von der Kirche vertretenen Theorie, sondern der von den weltlichen Publizisten dargelegten und ursprünglich von der Kirche selber vertretenen Lehre, die der Kirche die plenitudo potestatis bestritt und davon ausging, daß Kirche und Staat zwei einander koordinierte Ordnungen, geistliches und weltliches Schwert zwei an der Wurzel getrennte Gewalten, sacerdotium und imperium zwei von Gott gesetzte selbständige Sphären seien. So schreibt Erasmus in einem Brief an *Franz I.* von Frankreich: „... Auch die Verkünder des Evangeliums haben ein Schwert, das des Evangeliums, von Christus ihnen gegeben, um die Laster zu vernichten und die menschlichen Begierden auszurotten. Die Könige haben ihr Schwert, ebenfalls von Christus ihnen anvertraut, um die Bösen zu schrecken und die Guten zu ehren. Das Schwert ist ihnen

die Staatsgewalt nicht aus der Kirchengewalt und die Kirchengewalt nicht aus der Staatsgewalt wegen der Heterogenität der beiden Gewalten hervorgegangen sein könne.

[130] Das ist nicht verwunderlich, erklärt sich vielmehr aus dem erasmischen Kirchenbegriff. Dieser ist weitgehend durch das Laienelement geprägt und typisch für das undogmatische Denken des Erasmus. Er sieht und meint zumeist nicht die sichtbare Kirche in ihrer festgefügten und autoritären Organisation, sondern die unsichtbare Kirche, die als Geistkirche überall dort ist, wo die Philosophia Christi lebt, wo die geistige, nicht äußerliche Gemeinschaft ihrer Glieder sich in Christus verbindet. „Kirche bedeutet also bei Erasmus Heilsraum in der Weltgeschichte. Dieser ist universal, d. h. jedem einzelnen und der Welt als Ganzem in der charitativen Begegnung aufgeschlossen, überall möglich, weil überall die Philosophie Christi verwirklicht werden kann ..." Dieser Heilsraum ist ferner „geistig, d. h. wesentlich an ihre ursprüngliche Idee gebunden und wesentlich unabhängig von (geschichtlichen) Äußerlichkeiten und politischem Machtstreben, geistig in ihrer Gliedschaft, in ihrer gebenden und empfangenden Kraft und in ihrer Wirkung" (*Treinen*, S. 188). Bei einem solchen Verständnis der Kirche kann das rechtliche Verhältnis von Kirche und Staat kaum problematisch werden. Wenn auch Erasmus die Kirche seiner Zeit in dieser Form der unsichtbaren Geistkirche sah, so verschloß er dennoch nicht die Augen vor der nun einmal vorhandenen, täglich in seinem Leben in Erscheinung tretenden organisierten Kirche. Diese bezeichnete er jedoch nicht als Kirche, sondern sprach statt dessen vom Papst und von den Bischöfen als Vertretern der kirchlichen Gewalt. Das Spannungsverhältnis zwischen Kirche und Staat betrachtet Erasmus als ein solches zwischen Papst und Kaiser.

nicht genommen, aber sein Gebrauch vorgeschrieben: sie haben es zur Verteidigung der Ruhe des Staates, nicht zum Schutz persönlichen Ehrgeizes. Es gibt zwei Arten von Schwert und zwei Arten von Königreich. Auch die Priester haben ihr Schwert und ihr Königreich; statt Diademen und Helmen haben sie die Mitra, statt Zepter den Bischofsstab...[131]" Erasmus steht hier ganz auf dem Boden der bezeichneten Zweischwerterlehre weltlicher Prägung. Kirche und Staat sind getrennte Bereiche. Die Kirche ist die Hüterin der reinen christlichen Lehre, des Evangeliums. Der Staat hat die Verteidigung nach außen zu übernehmen sowie für Ordnung und Ruhe im Inneren zu sorgen. Beide dienen Gott auf ihre Weise.

Bei einer solchen Verteilung der Aufgaben zwischen sacerdotium und imperium sah Erasmus die Kirche weniger als machtvolle Institution, vielmehr, wie schon zwei Jahrhunderte zuvor *Ockham*, als spirituelle Gemeinschaft, als Geistkirche; diese war die Christenheit, jene „Übereinstimmung des gesamten Christenvolkes", die er selber als Kirche bezeichnet[132]. Aus einer solchen Schau war für Erasmus der Streit um temporalia und spiritualia, wie er das Mittelalter jahrhundertelang erschüttert hatte[133], nicht einmal von histo-

---

[131] Brief an *Franz I.* vom 1. Dezember 1523, *Allen* III, 352 (Briefe S. 323 f.); s. auch den Brief an den der Reformation nahestehenden Deutschordensherrn *Graf Wilhelm von Isenburg* vom 22. Juni 1532, *Allen* X, 37, Briefe S. 532; es sei ferner verwiesen auf den bereits erwähnten Brief des Erasmus an den Prediger Paul *Volz* vom 14. August 1518, *Allen* III, 361 (Briefe S. 196 ff.), wo Erasmus kirchlichen und staatlichen Bereich in konzentrische Kreise trennt, sie gegeneinander abgrenzt und koordiniert; danach bilden den ersten Kreis die berufenen Hüter der reinen christlichen Lehre: Papst, Bischöfe und Priester, den zweiten Kreis die weltlichen Fürsten, deren Waffen und Gesetze auf ihre Weise Christus dienen, mögen sie in gerechten (!) Kriegen den Feind schlagen und die öffentliche Ruhe schützen oder mit der Strafe des Gesetzes die Übeltäter in Schranken halten. — H. *Treinen* (S. 183) meint, Erasmus bezeichne mit der Gesamtheit der von ihm beschriebenen Kreise die Kirche. Das ist nur bedingt richtig, auf jeden Fall unvollständig. Wenn Erasmus im ersten Kreis vom Papst, den Bischöfen und Priestern spricht, so ist dort von der organisiert-sichtbaren Kirche die Rede als institutionalisiertem Gegenpol des staatlichen Lebens. Ob Erasmus darüber hinaus mit der Gesamtheit der Kreise die unsichtbare Kirche, den gemeinsamen Bekenntnisraum der Christusgläubigen, meint, mag dahinstehen. Dieser Kirchenbegriff ist für die staatskirchenrechtliche Frage des rechtlichen Verhältnisses von Kirche und Staat (so überschreibt H. *Treinen*, S. 169, den Abschnitt) ohne Interesse, da sich staatskirchenrechtlich relevante Gegensätze nur ergeben können, wenn die Kirche als Organisation dem fürstlichen Staat gegenübertritt.

[132] Brief vom 19. Oktober 1527 an W. *Pirkheimer*, *Allen* VII, 214: Ecclesiam autem voco totius populi Christiani consensum; die Formulierung des Erasmus erinnert an Marsilius *von Padua* „et quod sic Christus intellexerit ecclesiam, id est credencium seu fidelium universitatem . . ." Defensor pacis II, c. VI § 13.

[133] Vgl. H. *Mitteis*, S. 201 ff.

rischem Interesse. Die Kirche hatte für ihn keine Befugnisse im weltlichen Bereich. Der umfangreiche weltliche Besitz der Kirche paßte daher auch nicht in das Bild, das sich Erasmus von der Kirche machte. Wenn er auch niemals so weit ging, die Säkularisation des Kirchenbesitzes zu fordern, so war ihm der weltliche Besitz der Kirche doch ein Dorn im Auge, hatte er doch genug Gelegenheit, die Gefahren zu beobachten, die für die Kirche von ihrem weltlichen Besitz gerade unter den machtfreudigen Renaissancepäpsten ausgegangen waren. Wenn sich die Kirche schon nicht von diesem Besitz trennen wollte, so sollte sie ihn wenigstens so besitzen, als ob sie ihn nicht besäße[134].

Mit dieser von Erasmus bewußt vorgenommenen Trennung von Staat und Kirche[135], die auch eine Ablehnung des landesherrlichen Kirchenregiments mitumfaßte[136], kam Erasmus der von *Marsilius von Padua* und *Wilhelm von Ockham* postulierten Kirche erheblich näher als dem seinerzeitigen katholischen Kirchenbegriff, der die Kirche mit der äußerlich sichtbaren Gemeinschaft der empirischen Kirche identifizierte[137].

Dieses Verständnis des Verhältnisses von Staat und Kirche bei Erasmus ist verbunden mit seinem Toleranzdenken und ist nicht zuletzt aus diesem auch zu erklären. Das von Erasmus geforderte Ideal eines über den Konfessionen stehenden Staates[138], der auch den Andersgläubigen walten läßt, war sicherlich bei einer Einheit von Kirche und Staat schwieriger zu verwirklichen als bei einer Trennung beider unter Aufhebung des landesherrlichen Kirchenregiments.

Die Verknüpfung des religiös-universellen Theismus mit der Toleranzidee hatte bei *Nicolaus von Cues* und später bei *Sebastian Franck* die Toleranz zu einem ethischen Prinzip entwickelt[139]. Für Erasmus lag der Schwerpunkt seines religiösen Denkens auf diesem ethischen Prinzip, nicht auf dem Dogma, sondern auf jenem für ihn typischen

---

[134] LB. II, 780 C, D.
[135] Damit dürfte die Behauptung G. *Ritters*, Erasmus, S. 41, Anm. 42, widerlegt sein, daß „das Problem Staat und Kirche für Erasmus praktisch (?) überhaupt keine Rolle" spiele.
[136] Vgl. A. *Gail*, S. 69; man bedenke demgegenüber, daß in den lutherischen Ländern Deutschlands der Monarch bis 1918 in Personalunion zugleich oberster Bischof der Landeskirche war.
[137] Vgl. K. *Rothenbücher*, S. 14.
[138] K. *Rothenbücher*, S. 20 f.
[139] R. *Stadelmann*, S. 183; zur ersten Entwicklungsstufe des Toleranzgedankens und zum Verhältnis des religiös-universalen Theismus zur Toleranzidee vgl. E. *Cassirer*, Individuum und Kosmos, S. 30 ff.; R. *Stadelmann*, S. 146 ff.; zum Einfluß der Devotio moderna, unter der Erasmus aufwuchs, auf das Toleranzdenken, s. R. *Stadelmann*, S. 179 f.

Zusammentreffen von Charitas, Toleranz und Frömmigkeit[140]. Zugleich aber gehörte zu den Grundzügen seiner religiösen Haltung das Vertrauen in die ratio. Von dieser Warte mußte Erasmus als Humanist und bewußter Kosmopolit den Kreis der Mitchristen größer ziehen als die katholische Kirche. Er war bestrebt, heidnisch-griechischen, frühchristlichen und spätmittelalterlichen Glauben zu vereinen, und deutete sogar die Möglichkeiten einer allmählichen Verschmelzung der arabischen Welt mit dem Abendland an[141]. Das Verhältnis von Kirche und Staat im erasmischen Sinne kann nur im Lichte dieses Toleranzdenkens, dessen Kern das Prinzip religiöser Duldung ist, richtig erfaßt werden. Dabei wirkt sich das Toleranzprinzip für das Verhältnis von Kirche und Staat in scheinbar entgegengesetzter Weise aus.

Die Idee der Toleranz führt einerseits, wie bereits angedeutet, zu der Forderung nach einem über den Konfessionen stehenden Staat und bedingt damit notwendigerweise die Trennung von kirchlichem und staatlichem Bereich[142].

Anderseits hat die Toleranzidee für Erasmus auch eine vereinigende Funktion. Die Toleranzidee bildet für ihn die Brücke zur Einheit der Christenheit als Voraussetzung für sein Ideal einer respublica christiana. Wie man sich im gesamten Mittelalter darüber einig war, daß der Gegensatz von sacerdotium und imperium aus dem Erfordernis eines einheitlichen Weltganzen in einer höheren Ebene zusammengeführt werden müsse, so finden wir bei Erasmus die Überzeugung

---

[140] Vgl. E. *Hassinger*, S. 196. Hier sei auf die zutreffenden Worte Stefan *Zweigs* hingewiesen: „Für Erasmus bestand kein moralischer, kein unüberbrückbarer Gegensatz zwischen Jesus und Sokrates, zwischen christlicher Lehre und antiker Weisheit, zwischen Frömmigkeit und Sittlichkeit. Er nahm die Heiden, er, der geweihte Priester, im Sinne der Toleranz in sein geistiges Himmelreich und stellte sie brüderlich zu den Kirchenvätern; Philosophie war ihm eine andere und ebenso reine Form des Gottsuchens wie die Theologie, zum christlichen Himmel sah er nicht minder gläubig empor wie dankbar zu dem griechischen Olymp" (S. 12 f.).

[141] LB. V, 368 A (de bello Turcico); R. *Stadelmann*, S. 171.

[142] Noch klarer hat diese dem Toleranzgedanken folgende Trennung von Kirche und Staat Sebastian *Franck* im 16. Jahrhundert, teils noch gleichzeitig mit Erasmus, herausgearbeitet. Er betrachtete die sichtbare Kirche als Veräußerlichung und Trübung der reinen persönlichen Religion und schloß damit jede Verbindung von Staat und kirchlicher Gemeinschaft aus; er forderte religiöse Toleranz und lehnte jedes Staatskirchentum ab; vgl. K. *Rothenbücher*, S. 21; R. *Stadelmann*, S. 182 ff. Im 16. Jahrhundert gelangten unter dem Eindruck der konfessionellen Kämpfe die sog. „Politiker" zu der Überzeugung, daß einer Mehrheit von Konfessionen nur durch Toleranz Rechnung getragen werden könne, Toleranz aber nur von einem sich auf Weltlichkeit beschränkenden Staat erwartet werden könne, s. H. *Krüger*, S. 41, mit Nachweisen.

von einer konfessionellen Konkordanz in der höheren Ebene der respublica christiana[143].

Doch beschränkte sich dieses Einheitsstreben des Erasmus nicht darauf, daß er Einheit und religiösen Frieden nur durch Toleranz erhoffte. Erasmus schloß sich in begrenztem Umfange jener mittelalterlichen Theorie an, „kraft welcher jede der beiden Gewalten auch die ihr an sich fremden Funktionen im Notfall („casualiter" und „per accidens") zum Heile des Gesamtkörpers übernehmen darf und muß"[144]. So meint Erasmus, Unruhen im Volk habe der Fürst zu beseitigen, Unruhen unter den Fürsten habe der Papst durch seine Klugheit und sein Ansehen zu beschwichtigen[145]. Andererseits hatte eine von christlicher Verantwortung durchdrungene Regierung im Notfall für die Reinheit der Kirche Sorge zu tragen, wenn auch nur der wachsame Christ, der miles christianus, zu solch brüderlicher Wegbereitung nach Erasmus berufen war[146]. Die Publizistik vor Erasmus war hier allerdings noch weitergegangen und hatte sowohl dem Papst als auch dem Kaiser erheblich weitreichendere Rechte zugestanden[147].

Ein weiterer Punkt, in dem Staat und Kirche sich zur Gemeinsamkeit verpflichtet fühlten, war für Erasmus die Übereinstimmung zwischen Kirche und Staat in der gemeinsamen religiösen Erziehungsaufgabe. Wie bereits ausgeführt, hatte der Humanismus der weltlichen

---

[143] Die Toleranzidee hat an diesem Ziel insoweit Anteil, als die zerrissene Christenheit durch religiöse Toleranz wieder geeint werden sollte. Erasmus stellte sich das so vor, daß aus der Philosophia Christi die wesentlichen, den Glauben und das Leben der Christen betreffenden Fundamentalartikel so zusammengefaßt werden sollten, daß sie von allen angenommen werden könnten; s. *Colloquia*, Inquisitio de fide, LB. I, 728 ff.; in diesem Sinne versuchte Erasmus auch, die Beschlüsse des Augsburger Reichstages zu beeinflussen; hierzu P. *Rassow*, S. 49 ff.

[144] Zu dieser Theorie allgemein *Gierke* III, S. 539.

[145] LB. IV, 609 B; Dulce bellum inexpertis (ed. *Remy* et R. *Dunil-Marquebreucq*) S. 100; LB. II, 970 B; vgl. auch R. *Liechtenhan*, die politische Hoffnung des Erasmus und ihr Zusammenbruch, Gedenkschrift, S. 149.

[146] A. *Gail*, S. 69; zu Beginn des 17. Jahrhunderts berufen sich die Arminianer, die sog. Remonstranten, in Holland bei ihrer Forderung, der weltlichen Gewalt müsse auch die Entscheidung kirchlicher Angelegenheiten zustehen, auf Erasmus (*Flitner*, S. 133). Erasmus jedoch schlechthin als Verfechter eines uneingeschränkten Entscheidungsrechts der weltlichen Obrigkeit in kirchlichen Angelegenheiten hinzustellen, hieße seinen diesbezüglichen Äußerungen gegenüber Karl V. (*Allen* V, 7) einen nicht beabsichtigten Sinn unterstellen.

[147] So gestand man dem Papst unter bestimmten Umständen die Entscheidung streitiger Kaiserwahlen und sogar die Absetzung von Kaisern zu, während man dem weltlichen Haupt im Notfall das Recht zur Berufung eines Konzils und das Recht, eigenhändig eine Kirchenreform vorzunehmen, gestattete. Vgl. Lupold *von Bebenburg*, De Iuribus Regni et Imperii c. 12, p. 379, 385; W. *v. Ockham*, Octo quaestiones, I c. 11, 12, 17; II c. 4, 7, 12, 14; Nic. *Cus.* Vol. III L. III c. 15 und 40; s. auch H. *Krüger*, S. 50.

Gewalt neben der Kirche einen religiösen Bildungs- und Erziehungs-
auftrag erteilt. Papst einerseits und Princeps christianus andererseits
sind Gott bei dieser Aufgabe gleich verpflichtet. Was Gott im Himmel,
das ist der Bischof in der Kirche und der Fürst im Staate[148]. Diese
gemeinsame religiöse Erziehungsaufgabe kirchlicher und weltlicher
Gewalt kommt überzeugend zum Ausdruck in der 1535 von Erasmus
verfaßten Schrift Ecclesiastes sive de ratione concionandi[149].

Es zeigt sich also, daß die bei Erasmus grundsätzlich getrennten
Bereiche von Kirche und Staat wiederum nicht völlig voneinander
getrennt sind. Erasmus hat keine Lösung jeder geistigen und organisatorischen Verflechtung zwischen Kirche und Staat gefordert. Die
völlige Verweltlichung des Staates konnte Erasmus schon deswegen
nicht wünschen, weil für ihn der Fürst immer ein christlicher Fürst
sein mußte und sein Staat eine respublica christiana sein sollte, in
der Kirche und Staat gewisse beide verbindende gemeinsame Aufgaben zufielen.

Erasmus ist jedoch mit der im Ansatz klar erkannten Forderung
nach Trennung von Kirche und Staat seiner Zeit weit voraus. Er
gehört, gestützt auf seinen humanistischen Rationalismus und sein
modernes Toleranzdenken[150], zu denen, die versucht haben, den Staat
aus der mittelalterlich-theokratischen Umarmung zu befreien und
damit zur fortschreitenden Säkularisation des Staates beizutragen.
Dabei sind seine Forderungen geprägt von Vernunft und Toleranz,
so daß sie nicht, wie es etwa bei *Marsilius von Padua* der Fall ist,
über das Ziel ins Horizontal-Positivistische hinausschießen.

---

[148] LB. IV, 569 E.

[149] LB. V, 769 Aff.: Ita sunt duplices Ecclesiastae, profani ... et sacri ...
Ad eundem spectant scopum; videlicet, ut Respublica sit quieta et tranquilla,
eaque tranquillitas impendatur non voluptatibus aut luxui, sed Christianae
pietati.

[150] Über das Fortwirken des erasmischen Toleranzdenkens in den folgenden
Jahrhunderten unterrichtet A. *Flitner*, S. 157 f.

III. Fürstenlehre

1. Bestimmung des Fürsten

Die Fürstenlehre des Erasmus findet sich im wesentlichen in der Institutio Principis Christiani. Erasmus verfaßte diese Schrift im Jahre 1515 auf Wunsch des burgundischen Kanzlers *J. Silvagius* und zum Dank für seine Ernennung zum königlichen Ratsherrn in der Absicht, den soeben für volljährig erklärten kastilischen König und späteren Kaiser *Karl V.* auf die Führung seines Herrscheramtes vorzubereiten und über die Pflichten eines Fürsten zu belehren[1].

Das erste Kapitel dieser Schrift beschäftigt sich mit der Bestimmung des Fürsten, seiner Herkunft und seiner Erziehung. Erasmus zeigt sich hier als Anhänger der Wahlmonarchie und Gegner der Erbmonarchie. Gegen diese geht er mit scharfen Worten vor. Zwar wähle man den sorgfältig aus, dem man ein Schiff übergeben wolle, nicht aber den, dem man das allgemeine Wohl, so viele Städte und Menschenleben anvertraue; hier verlasse man sich auf das blinde Schicksal, und wenn der Betreffende nur wie ein Mensch aussehe, so seien alle übrigen Eigenschaften gleichgültig[2]. Wie man aber in der Seefahrt nicht dem das Steuer überlasse, der an Herkunft und Reichtum andere übertrifft, sondern dem, der am besten das Schiff zu lenken versteht, so solle auch der Fürst nach königlichen Eigenschaften, also Weisheit, Gerechtigkeit, Mäßigung des Gemüts und Streben nach dem gemeinen Wohl ausgesucht werden. Bei der Auswahl müsse mit größter Sorgfalt vorgegangen werden[3]. Zu einer Zeit, in der die Wahlinstitution in den aufkommenden Nationalstaaten bereits weitgehend verdrängt war und sich die Erbmonarchie in zahlreichen Ländern Europas durchgesetzt hatte, machte Erasmus sich zum Anwalt der Wahlmonarchie[4]. Aber er sieht selber ein, daß die Geschichte über sein Ideal der Wahlmonarchie längst hinweggeschritten ist. Für ihn stellt

---

[1] Vgl. L. *Enthoven*, S. 312.

[2]) LB. II, 109 E zum Adagium „Aut regem aut fatuum nasci opportere"; LB. IV, 561 A, B, C.

[3] LB. IV, 561 A, B.

[4] Zur Entwicklung der Königswahl und der Wirkung des kirchlichen Idoneitätsgedankens in der Fürstenspiegelliteratur des hohen Mittelalters, W. *Berges*, S. 15 ff.

sich nach dem Verlust des Wahlrechts die Aufgabe, als Ersatz für dieses Recht der Erziehung des Fürsten sorgfältigste Beachtung zu schenken. „Wer durch Geburt zum Fürsten bestimmt ist, der wird nicht gewählt. Hier hängt alles von der Erziehung ab[5]." Aus dieser Sicht wird verständlich, warum Erasmus, voll von pädagogischem Optimismus, in seiner Institutio sich mit der Erziehung des jungen Fürsten bis in beinahe lächerlich wirkende kleinste Einzelheiten auseinandersetzt[6].

Dieses Ziel einer hervorragenden Erziehung ist getragen von der das ganze Mittelalter beherrschenden Forderung, daß der Fürst, ist er auch kein vom Volk Gewählter, ein Erwählter des Volkes sei[7]; der Fürst lebt von der Zustimmung des Volkes[8]. Aber nur den kann nach mittelalterlicher Auffassung das Volk als seinen Erwählten betrachten, ihm huldigen und seine Zustimmung erteilen, den es als seinen Besten anerkennt, und die Forderungen biologischer und sittlicher Art, die das Volk an seinen zukünftigen Führer stellt, müssen bei jeder Herrschaftsbegründung erfüllt sein, wenn überhaupt ein rechtmäßiges Untertanenverhältnis zustande kommen soll[9].

Erasmus glaubt, durch eine gute Erziehung des jungen Fürsten die mangelnde Auslese unter der Erbmonarchie ausgleichen zu können. Dazu sei erforderlich, daß die Erzieher so sorgfältig wie möglich ausgewählt werden und mit der Erziehung so früh wie möglich begonnen werde. Er vergleicht den Fürsten mit einem Brunnen, der heilbringendes und giftiges Wasser spendet. Eine schlechte Fürstenerziehung, so führt er seinen Vergleich fort[10], komme der Vergiftung eines öffentlichen Brunnens gleich[11].

So wird man zusammenfassend sagen dürfen, daß für Erasmus die ideale Form der Monarchie die Wahlmonarchie ist; das bei einer Erbmonarchie fehlende Kriterium der Auslese soll durch die Erziehung des zukünftigen Regenten ausgeglichen werden.

---

[5] LB. IV, 561 C. Bei den folgenden Übersetzungen aus der Institutio lag mir die sehr ungenaue Übersetzung in das Mittelhochdeutsche von Leo *Jud*, Eine nutzliche underwisung eines christlichen fürsten wol zu regieren . . ., Zürich 1521, vor.

[6] Etwa die Auswahl der fürstlichen Ammen LB. IV, 563 B.

[7] Vgl. W. *Berges*, S. 16.

[8] Dulce bellum inexpertis LB. II, 965 C: . . . ius quod habes populi consensus dedit . . .; ferner LB. IV, 579 B, D; IV, 601 A.

[9] W. *Berges*, a. a. O.

[10] LB. IV, 564 D.

[11] Es ist nicht Aufgabe dieser Abhandlung, die Fürstenerziehung des Erasmus im einzelnen darzustellen. Insoweit wird auf die Ausführungen zu Kap. 1 der Institutio bei L. *Enthoven*, S. 317 ff., und F. *Geldner*, S. 100 ff., verwie-

2. Aufgaben des Fürsten

a) außenpolitische Aufgaben

Die auswärtige Politik des Fürsten steht bei Erasmus im wesentlichen unter dem Vorzeichen von Krieg und Frieden. Dieses Problem erschien ihm als das wichtigste in der von Kriegen so bewegten Zeit in der ersten Hälfte des 16. Jahrhunderts. Von den grundlegenden Gedanken des Erasmus zu dieser Frage wird noch im einzelnen zu handeln sein[12]. Hier interessiert vorerst, was Erasmus neben der Frage von Krieg und Frieden zu den staatlichen Aufgaben im auswärtigen Bereich geschrieben hat.

In diesem Zusammenhang befaßt sich Erasmus vor allem mit Sinn und Wert von Bündnissen und internationalen Verträgen. Dieser Frage widmet er das 8. Kapitel der Institutio[13]. Erasmus schickt voraus, zwischen allen christlichen Fürsten bestehe als das festeste und heiligste Bündnis der gemeinsame christliche Glaube[14]. Zwischen weisen und guten Fürsten bedürfe es keiner Bündnisse, auch ohne Bündnisse herrsche zwischen ihnen Freundschaft. Zwischen unfrommen und sich mißtrauenden Fürsten entständen aus den Bündnissen oft Kriege[15]. Wenn nun der gute Fürst dennoch Bündnisse schließe, so dürfe er dabei nichts anderes als das gemeine Wohl im Auge haben, da es sich andernfalls bei dem Bündnis um eine Verschwörung gegen das Volk handele[16].

---

sen. Hier mögen nur folgende Empfehlungen des Erasmus erwähnt werden: Das Gebot der Kontinuität der Herrschaft gebiete es, daß der Fürst rechtzeitig für einen gleichwertigen Nachfolger sorge, damit seine Taten erhalten bleiben. Seine Kinder, die für das Vaterland geboren sind, müssen mit Sorgfalt für das Vaterland erzogen werden. Der junge Fürst müsse zu den Tugenden, die er als christlicher Herrscher besitzen sollte, erzogen werden, also zu Weisheit, Herzensgüte, Mäßigung, Integrität und Friedfertigkeit (LB. IV, 566 D). *Platos* Meinung sei nicht unbegründet, daß der Staat dann glücklich sein werde, wenn die Fürsten die Philosophie beherrschten oder aber die Philosophen die Macht übernehmen. Der Fürst als Philosoph und Weiser sei nicht jemand, der sich in der Dialektik oder Physik auskenne, sondern der anstatt den betrügerischen Bildern der Dinge mit ganzer Kraft den wahren Dingen nachgehe (LB. IV, 566 A, 565 B unter Verwendung von *Platos* Höhlengleichnis). Christus und der weise *Salomon* zugleich seien das Vorbild des Fürsten (LB. IV, 578 C, 581 E). Er solle so erzogen werden, daß er den Untertanen in seinen Tugenden Vorbild und Beispiel sei (LB. IV, 569 A, 591 D). Die erste und besondere Sorge bei der Erziehung des Fürsten aber solle sein, ihn für die Erhaltung des Friedens zu erziehen (LB. IV, 589 B).

[12] Sub IV, 3.
[13] LB. IV, 603 A—604 C.
[14] Wenn trotzdem so viele Bündnisse zwischen den Staaten abgeschlossen werden, so ist das für Erasmus nur der Ausdruck gegenseitigen Mißtrauens, LB. IV, 603 A.
[15] LB. IV, 603 B.
[16] LB. IV, 603 A.

Bei dem Verkehr mit anderen Staaten macht Erasmus deutliche Unterschiede in der Bündnisfähigkeit dieser Staaten. Erasmus empfiehlt dem christlichen Fürsten Zurückhaltung im Verkehr mit solchen Staaten, die anderen Glaubens sind, sowie solchen, die sich zu Bündnissen wenig eignen, entweder weil sie von Natur eigensinnig, unverschämt und für jede Freundschaft unbrauchbar oder weil sie zu weit entfernt sind, als daß ein Bündnis mit ihnen von Nutzen sein könnte. Mit den benachbarten Völkern dagegen solle der weise Fürst in jedem Falle in Freundschaft leben. Diese entstehe am leichtesten unter solchen Völkern, die als Nachbarn die gleiche Sprache sprechen und sich in Geist und Sitten ähnlich sind. Es ist ein Zeichen fürstlicher Weisheit, die Bündnisfähigkeit der Völker zu erkennen[17]. Schon bei der Erziehung des jungen Fürsten müsse daher sein Blick hierfür geschärft werden.

Es ist kein Zufall, daß Erasmus der Bündnispolitik des christlichen Fürsten diese Aufmerksamkeit geschenkt hat. Erasmus mußte während seines Lebens mit ansehen, wie die in kurzer Zeit zu Großmächten emporgewachsenen, jedoch an politischer Erfahrung armen Territorialstaaten in naiver und skrupelloser Art zwischen Bündnis und Gegnerschaft schwankten, indem sie sprunghaft hier und dort Partei ergriffen und sich in ehrgeizigen Angriffsplänen übernahmen.

Bei den Ratschlägen des Erasmus fällt auf, daß sie nicht, wie sonst bei ihm üblich, ausschließlich von Toleranz und christlicher Liebe geprägt sind, sondern vorwiegend von der Staatsraison. Dieser moderne Zug wird dann besonders deutlich, wenn Erasmus die Bündnispolitik an der Nützlichkeit für den Staat orientiert, was dazu führt, im Einzelfall auch mit einem christlichen Staat nicht zu paktieren oder nichtchristliche Staaten grundsätzlich von Bündnissen auszuschließen[18].

b) innenpolitische Aufgaben

Im Mittelpunkt der innenpolitischen Aufgaben des Fürsten steht die Gesetzgebung. Mit ihr hat Erasmus sich in der Institutio in einem eigens dafür bestimmten Kapitel befaßt[19].

---

[17] LB. IV, 604 A, B, C.

[18] Wir finden diesen Zug zur Diskriminierung fremder Staaten und Bürger auch an anderer Stelle. Erasmus empfiehlt den Fürsten für den Fall, daß sich Steuern nicht umgehen lassen, zuerst die Ausländer und ausländischen Kaufleute mit Steuern zu belasten, LB. IV, 594 E; andrerseits aber fordert Erasmus wiederum, dem Fremden im Lande besonderen Schutz angedeihen zu lassen, vgl. F. *Geldner*, S. 116.

[19] LB. IV, 595 Dff. (Kap. VI).

Dem allgemeinen Staatszweck entsprechend sollen die Gesetze nichts anderes im Auge haben als das gemeine Wohl[20]. Gemeinnützig und gerecht müssen die Gesetze sein. Andernfalls sind die Gesetze für Erasmus nichts anderes als Spinnweben, in denen die Fliegen hängenbleiben, die großen Vögel aber hindurchfliegen[21]. Die Gesetze sind für den Fürsten die entscheidenden Mittel, den Staatszweck zu erreichen. Ihre Qualität ist daher für Erasmus von großer Wichtigkeit. Er kommt auf das Wesen der Gesetze, ihre Eigenschaften und Grenzen, immer wieder zurück[22]. Die Gerechtigkeit der Gesetze ist zugleich ausgleichende und austeilende. Niemandem darf Unrecht geschehen, weder dem Armen noch dem Reichen, weder dem Knecht noch dem Freien. Den Schwachen und Armen aber sollen die Gesetze mehr zur Hilfe kommen[23]. Gerechtigkeit erscheint hier als soziale Gerechtigkeit.

Die Zahl der Gesetze soll gering sein. In einem gut funktionierenden Staat, unter einem guten Fürsten und unter unbestechlichen Beamten genügen wenige Gesetze. Liegen diese Voraussetzungen nicht vor, so reicht auch eine große Zahl von Gesetzen nicht aus[24]. Die Gesetze sollen ferner in klaren und verständlichen, nicht mit kunstvollen und geheimnisvollen Worten abgefaßt werden, damit man nicht so sehr auf jene gewinnsüchtige Sorte von Menschen, die sich Rechtsgelehrte und Advokaten nennen, angewiesen sei[25].

Gute Gesetze nützen nichts, wenn sie nicht auch in gutem Sinne angewandt werden. Deswegen soll der Fürst, gleichsam wie die Gesetzeswächter *Platos*, darauf achtgeben, daß die Gesetze von ehrlichen und unbestechlichen Leuten ausgeführt werden. Die Ausführung der Gesetze wird dadurch erleichtert, daß die Zahl der Gesetze niedrig ist und diese wenigen Gesetze dem ganzen Volke bekannt sind[26]. Dieses grundsätzlich vorausgeschickt, wendet sich Erasmus den einzelnen Gesetzgebungsgebieten zu.

Die Gesetze haben, dem Staatszweck entsprechend, eine *erzieherische* Aufgabe. Für Erasmus in seinem aufklärerischen Streben lag der Hauptgrund der Sünden in den falschen Meinungen des Volkes, so daß dem Fürst die Aufgabe der Unterrichtung und Bildung des Volkes zufiel[27]. Zugleich sollen die Gesetze die Bürger dazu anhalten,

---

[20] LB. IV, 595 D.
[21] LB. IV, 600 A, B, 602 A.
[22] Zu der Frage der Grenzen der Gesetze und zum Widerstandsrecht s. sub IV, 1 und 2.
[23] LB. IV, 598 E.
[24] LB. IV, 595 D.
[25] LB. IV, 602 B.
[26] LB. IV, 602 A, B.
[27] LB. IV, 597 C.

sich um den Staat verdient zu machen. Ein großer Teil der Laster entsteht aus materiellem Denken. Deshalb müssen die Bürger dazu erzogen werden, sich weniger für sich selbst als für das Wohl des christlichen Staates einzusetzen[28].

In enger Beziehung zu diesem erzieherischen Anliegen stehen die Strafgesetze. Die mittelalterliche Strafgerichtsbarkeit in ihrer ganzen Brutalität und Ungerechtigkeit bewegte Erasmus stark. Hier setzte seine Kritik ein. Zugleich machte er Vorschläge, das mittelalterliche Strafsystem zu reformieren. Schließlich war die erste Hälfte des 16. Jahrhunderts die große Zeit der Strafrechtsreformen. Wer sich in dieser Zeit der Kritik am Staate hingab, mußte sich auch mit der Strafgerichtsbarkeit auseinandersetzen. In manchen der Forderungen des Erasmus glaubt man, seinen Zeitgenossen *Schwarzenberg* zu hören[29].

Auch die Strafgesetze stehen für Erasmus unter dem Gebot von Gerechtigkeit und Gemeinnutzen. In Blickrichtung auf die mittelalterliche Strafgerichtsbarkeit fügt er hinzu, die Strafgesetze müßten vor allem menschlich sein[30].

Zwei Fragen rückt Erasmus, was die Funktion der Strafgesetze betrifft, in den Vordergrund. Den *Strafzweck* sieht Erasmus in erster Linie in ihrer erzieherischen Funktion. Die Strafgesetze sollen nicht nur dem Schuldigen[31] Strafe androhen, sondern überzeugend klarmachen, daß nicht gesündigt werden darf. Deshalb irren die, welche glauben, daß die Gesetze lediglich befehlen, nicht lehren; die Gesetze sollen vielmehr dazu dienen, die Menschen vom Sündigen durch Vernunft, nicht durch Strafen abzuhalten[32]. Der Fürst soll aus diesem Grund nicht nur strafen, sondern wachsam strafwürdiges Unheil verhüten. Er muß deshalb die Ursachen der Sünden beseitigen[33].

Die zweite Frage betrifft das *Strafmaß*. Mit dem aufklärerischen Freiheitsdenken des Erasmus waren die harten, regelmäßig zum Tode führenden Strafen unvereinbar. Er hielt nichts von der abschreckenden Wirkung der einzelnen Strafen durch ihre grausame Vollstreckung (poena exempli).

---

[28] LB. IV, 597 B, E.
[29] Acht Jahre vor Erscheinen der Institutio schuf *Schwarzenberg* die Bambergensis (1507) als Vorbild der Carolina (1537). Ob Erasmus die Bambergensis kannte, bleibt ungewiß. Bei den geringen deutschen Sprachkenntnissen des Erasmus ist es zweifelhaft.
[30] LB. IV, 600 C; zur humanitas legum s. sub IV, 1.
[31] Daß nur den Schuldigen die Strafe trifft, war Erasmus anscheinend selbstverständlich; zur Entwicklung des Schuldgedankens bei *Schwarzenberg* s. Art. 172, 175 Bambergensis.
[32] LB. IV, 596 E.
[33] LB. IV, 597 B.

Erasmus empfiehlt die Einführung weniger grausamer Strafen. Mehr durch die Neuheit von Strafen als durch ihre Grausamkeit könne man die Bürger abschrecken; denn die Menschen gewöhnen sich mit der Zeit auch an die grausamsten Strafen[34].

Die Strafen müssen ferner der Straftat entsprechen, sie sollen verhältnismäßig sein. Erasmus kritisiert, daß der Diebstahl mit dem Tode bestraft wird, während der Ehebruch fast ungestraft bleibt. Er führt dieses darauf zurück, daß das Geld höher geschätzt wird als die Ehre. Wie ein Arzt die Heilmittel anwendet, so muß der Fürst mit milderen Strafen vorgehen, bevor er schließlich zur Todesstrafe schreitet. Erasmus gibt zu bedenken, daß der Staat ein einziger Körper ist. Niemand aber entferne ein Glied des Körpers, wenn der Kranke auf andere Weise geheilt werden könne. Erst wenn kleinere Strafen nicht mehr helfen, ist der Betroffene, wie Erasmus meint, nach dem Gesetz zu töten, damit er nicht auch noch andere Teile des Körpers vergiftet[35].

Sehr modern für seine Zeit erscheint uns Erasmus mit seiner Forderung nach Aufhebung der Bestrafung wegen Crimen laesae maiestatis. Dieses Delikt betreffe lediglich die Person des Fürsten, dieser aber könne verzeihen und auf Strafe verzichten[36]. Die Gleichheit aller Christen vor Gott verbietet es für Erasmus, die Person des Fürsten unter einen besonderen strafrechtlichen Schutz zu stellen[37].

Die Reformierung der mittelalterlichen Strafgerichtsbarkeit war für ihn nicht ein rechtliches Problem, sondern ein echtes humanistisches Anliegen. Es war einerseits, wie auch bei *Schwarzenberg*[38], durch die erzieherische Funktion des Strafrechts ein durchaus christlich geprägtes Anliegen, andererseits aber durch das Ziel der Abschreckung des Volkes von strafbaren Handlungen auch ein nüchtern-rationales Vorhaben. Die Humanisierung der mittelalterlichen Strafen war die humanistische Grundforderung für diese Reform.

Besondere Aufmerksamkeit schenkt Erasmus weiterhin einem Gebiet, das wir heute als *Sozialgesetzgebung* bezeichnen würden; hier zeigt sich in besonderem Maße die soziale Einstellung des Erasmus[39]

---

[34] LB. IV, 599 A, B.
[35] LB. IV, 597 D.
[36] LB. IV, 600 D.
[37] LB. IV, 600 D.
[38] Nach E. *Wolf*, S. 115, bestand die christliche Zielsetzung des Strafrechts bei *Schwarzenberg* darin, daß das Strafrecht einem jeden zuteilen sollte, was ihm nach den Geboten der göttlichen Gerechtigkeit zukommt.
[39] Vgl. A. *Salomon*, S. 234: Erasmus discloses a definite sympathy for the poor and lower middle classes . . .

und seine geistige Verwandtschaft mit seinem Vorbild *Plato* und seinem zeitgenössischen Freund *Thomas Morus*[40].

Zu der Frage der Arbeitslosigkeit und Arbeitsunwilligkeit folgt Erasmus den Gedankengängen *Platos*. Er schlägt vor, die Bettler aus dem Staat zu vertreiben, lediglich die alten und kranken Bettler, die sich nicht selber helfen können, in Krankenhäuser aufzunehmen[41]. Zu Recht nennt *Huizinga*[42] diesen Vorschlag irreal und naiv. Realer erscheint die Forderung des Erasmus, daß zahlreiche Volksschichten einer produktiveren Tätigkeit nachgehen sollten. Er nennt in diesem Zusammenhang die Priesterschaft und die Soldaten. Hier solle man sich die fleißigen Handwerker zum Vorbild nehmen, nicht dagegen den nach seiner Meinung verweichlichten Adel[43].

Geistige und materielle Güter[44] müssen dem ganzen Volke zugute kommen. Das ist die Grundforderung des Erasmus für eine soziale Gesetzgebung. Aus dieser sozialen Sicht versteht Erasmus auch den staatlichen Bildungsauftrag. Der Staatszweck der Erziehung und Bildung besitzt bei Erasmus insoweit zugleich einen sozialen Aspekt, als die Bildung nicht das Privileg eines bestimmten Standes, sondern jedermanns Recht ist. Wenn auch seine in lateinischer Sprache gehaltenen Werke zu seiner Zeit nur der Besitz einer kleinen europäischen Geistesaristokratie waren, so erstreckte sich seine Forderung doch auf die Volksbildung. Auf ihr beruhte eine besondere Hoffnung des Staates[45], sie war Grundlage von Ordnung und Frieden im Staate; Erasmus beruft sich bei seiner Forderung nach Volksbildung auf antike Vorbilder. Als seine Gewährsmänner nennt er *Xenophon* und *Plato*[46].

In engem Zusammenhang mit der sozialen Gesetzgebung steht bei Erasmus die *Steuergesetzgebung*. Hier fällt zuerst auf, mit welcher

---

[40] Vgl. Utopia, S. 109 ff.

[41] LB. IV, 598 A.

[42] J. *Huizinga*, Erasmus, S. 136.

[43] LB. IV, 598 B, C.

[44] Zu diesen Gütern zählt auch die Gesundheit. Im Coniugium impar LB. I, 826 ff. (*Schiel*, S. 239 ff.) preist Erasmus die Gesundheit der Menschen als ein hohes Gut des Volkes. Aus seinen Reisebeschreibungen kennen wir seine Abscheu vor entstellenden Krankheiten. Bei seiner eigenen zarten Gesundheit war er in diesem Punkte ängstlich. In detaillierten Beschreibungen fordert er eine Förderung der allgemeinen Hygiene, damit ansteckende Krankheiten zum Wohl des Volkes vermieden werden (vergleiche *Schiel*, S. 253).

[45] LB. IV, 592 E.

[46] LB. IV, 592 E.

Genauigkeit und Ausführlichkeit sich Erasmus diesem Problem widmet[47].

Steuern dürfen nach Meinung des Erasmus nur erhoben werden, wenn dieses unbedingt notwendig ist. Zuvor müssen alle überflüssigen Kosten eingespart werden. Das erreicht man am besten, indem Kriege vermieden sowie zahlreiche Ämter abgeschafft werden[48]. Wenn nun Steuern erhoben werden müssen, so sind sie zur Beschaffung der für den Staat notwendigen Mittel zu erheben, nicht aber nach Habgier und Ehrgeiz des Fürsten, sondern um die erforderlichen Staatsausgaben zu decken[49]. Werden unter diesen Voraussetzungen Steuern erhoben, so gelten für Erasmus folgende Grundsätze: Die Steuern sind so zu staffeln, daß die Armen sowenig wie möglich belastet werden, während die Reichen stärker in Anspruch genommen werden sollen. Aber auch gegenüber der letztgenannten Gruppe sind die Steuern so niedrig wie möglich zu halten.

Bei der Erhebung der Steuern ist ferner darauf zu achten, daß die Ungleichheit der Vermögensverteilung nicht zu groß ist. Erasmus betont ausdrücklich, niemanden enteignen zu wollen[50]; es komme darauf an, Wege zu finden, daß nicht die Güter des Volkes lediglich in die Hände ganz weniger fließen. Erasmus schließt sich wiederum *Plato* an, wenn er fordert, daß die Bürger weder zu arm noch zu reich sein dürfen[51].

Neben einer gerechten und sozialen Verteilung des Volksvermögens fordert Erasmus eine möglichst geringe Besteuerung der Grundnahrungsmittel, auf die die Armen angewiesen sind[52]. Er warnt zugleich vor der Einführung neuer Steuern. Es sei eine bekannte Tatsache, daß eine einmal eingeführte Steuer in der Regel nicht wieder abgeschafft werde[53].

---

[47] Erasmus widmet der Steuergesetzgebung eigens das Kapitel IV der Institutio. Diese eingehende Untersuchung der Steuergesetzgebung durch einen Theologen ist allerdings nicht ungewöhnlich. Auch Thomas *von Aquin* hat sich mit dieser Frage genauer befaßt (vgl. De regime principum 1, 13 und 15; 2, 5—7; 3, 11). Das besondere Interesse des Erasmus an diesen Fragen dürfte nicht zuletzt darauf zurückzuführen sein, daß er sich bei seinen häufigen und langen Reisen immer wieder durch Wegezölle und Steuern belästigt fühlte und sich in seinem ganzen Leben nicht wieder so über die Steuergewalt der Obrigkeit geärgert hat wie im Jahre 1500, als der englische Zoll bei der Ausreise des Erasmus dessen gesamtes damaliges Vermögen konfiszierte. Näheres hierzu berichtet J. *Huizinga*, Erasmus, S. 35 ff.
[48] LB. IV, 593 C.
[49] LB. IV, 593 D.
[50] LB. IV, 594 B.
[51] Unter diesen Umständen in Erasmus einen Vorläufer des modernen Liberalismus sehen zu wollen, da er die Staatstätigkeit auf Einigungs- und Schutzfunktionen beschränke (so A. *Salomon*, S. 238), heißt ihn mißverstehen.
[52] LB. IV, 594 D.
[53] LB. IV, 593 F, 594 B.

Mit der Steuergesetzgebung verbindet Erasmus zugleich wieder
einen erzieherischen Zweck. Er erhofft sich durch eine verstärkte
Besteuerung jener Bürger, die in Luxus leben, daß diese zur Sparsam-
keit erzogen werden und mit weniger Geld ein diszipliniertes
Leben führen[54].

Das Recht zur Besteuerung begründet Erasmus also mit der Pflicht
des Fürsten, die für das Gemeinwohl notwendigen Mittel zu beschaffen.
Er geht davon aus, daß auf diese Weise nur die Staatsmittel, nicht
aber die für den persönlichen Bedarf des Fürsten benötigten Gelder
beschafft werden dürfen. Hier zeigt sich wiederum die von Erasmus
klar vollzogene Trennung zwischen Amt und Person, Staatsgut und
Hausgut. Damit hat sich Erasmus von jener, noch von *Thomas von
Aquin* vertretenen Auffassung frei gemacht, der Fürst erhalte die
Steuern vom Volke gleichsam als Lohn für seinen Dienst am Gemeinwohl: Der Fürst diene dem gemeinen Nutzen, also dürfe er vom
Gemeinwesen leben[55]. Eine solche Begründung des Rechts zur Besteuerung war für den aufgeklärten Humanisten undenkbar.

Ein weiteres Kapitel der Institutio[56] widmet Erasmus den *allgemeinen Aufgaben*, die sich dem Fürsten in seinem Lande zu Friedens-
zeiten stellen. Er empfiehlt dem Fürsten, die Flüsse zu regulieren,
Verschmutzung und Seuchengefahr dadurch abzustellen, daß Gebäude
umgebaut und Sümpfe ausgetrocknet werden[57]; ebenso gehöre der
Bau von Kirchen, Brücken, öffentlichen Gebäuden und Aquädukten
zu seinen Aufgaben[58]. Der Fürst soll sein Herrschaftsgebiet nicht
vergrößern, sondern das vorhandene Gebiet ausbauen, verbessern,
stärken und verteidigen[59].

Wie die Aufgaben des Fürsten im einzelnen durchzuführen sind,
bleibt offen, insbesondere, ob der Fürst die Gesetze autokratisch
erläßt und die Höhe der Steuern selbst bestimmt oder ob hier die
Stände über eine Volksvertretung mitwirken. Erasmus beschränkt sich
auf die Angabe der Ziele. Das technisch-institutionelle Instrumen-
tarium, mit dessen Hilfe diese Ziele erreicht werden sollen, interessiert
ihn nicht; er steht ihm sogar mißtrauisch gegenüber in dem Bewußtsein, daß alles Institutionelle nichts fruchtet, wenn nicht die Herzen
der Menschen von der richtigen Gesinnung erfüllt sind[60]. Dennoch

---

[54] LB. IV, 594 E.
[55] *Schilling*, Thomas v. Aquin, S. 151.
[56] LB. IV, 605 ff. (Kap. 10).
[57] LB. IV, 606 D.
[58] LB. IV, 606 F.
[59] LB. IV, 607 A.
[60] Zutreffend A. *Salomon*, S. 249, über Erasmus: The world of institutions
is evil. Perfection is possible to the individual soul dedicated to the imitation

gewähren bereits die Aufgaben und Ziele, die Erasmus dem Fürsten
vor Augen hält, einen Einblick in den politischen und sozialen Status
seiner respublica christiana, den man durchaus in mancher Hinsicht
als einen christlichen und sozialen Staat bezeichnen mag[61], in dem
das Attribut „sozial" mehr als ein pflichtgemäßes staatstheoretisches
Lippenbekenntnis ist.

3. Fürstliches Amt und Beamtenschaft

Das Amt des Fürsten ist bereits berührt worden, um festzustellen,
ob sich bei Erasmus schon Ansätze zu einem institutionellen Staatsdenken finden lassen[62]; mit einem anderen Ziel ist hier das Wesen
des Amtes aus der Sicht des Erasmus nunmehr näher zu beleuchten.

Wir haben bereits festgestellt, daß für Erasmus die ideale Staatsform die Monarchie ist. Das schließt jedoch nicht aus, daß sein Staatsdenken zugleich von demokratischen Zügen durchsetzt ist. Die Antwort auf die Frage, ob Erasmus die Tätigkeit des Fürsten als eine
persönliche oder als amtliche Tätigkeit versteht, ist der Gradmesser
für das repräsentativ-demokratische Substrat im Staatsdenken des
Erasmus. Sieht man in der repräsentativen Demokratie eine Fort-
entwicklung des Ämterstaates[63], so wird klar, daß eine moderne
Auffassung vom Wesen des Amtes zugleich ein Gedankenansatz zur
repräsentativen Demokratie darstellen kann. Das Wesen des Amtes
ist so eng mit dem der Repräsentation verknüpft[64], daß es von hier
nur noch eines Schrittes zur Erfassung des Demokratiebegriffes bedarf.

a) der Fürst

Die Stellung des Fürsten im Staatsgefüge weist bei Erasmus zwei
gegensätzliche Merkmale auf, wie bereits oben[65] erwähnt wurde und
hier näher auszuführen ist.

---

of Christ and Socrates, through whom he participates in a larger whole. For
those souls, democratic institutions must exist in church and state in order
to open the avenues to Christian people who are not afraid to take upon
themselves the hardships of learning . . . and realizing Christian liberty.

[61] In diesem Sinne auch A. *Salomon*, S. 235: Erasmus suggests a social
democracy which we could easily call Christian Social Democracy. „Democracy" ist hier im Sinne von Salomons „spirituell democracy" zu verstehen,
nicht im rechtlichen oder im politischen Sinne.

[62] S. 27 ff.

[63] So W. *Hennis*, S. 54.

[64] H. *Krüger*, S. 253, spricht vom Amt als „Repräsentation reinsten Was-
sers".

[65] S. 28.

Einerseits findet sich bei Erasmus jene Auffassung, nach welcher der Fürst Ebenbild und Stellvertreter[66] Gottes ist und seine Macht von diesem ableitet[67]. Nur ihm schuldet er Rechenschaft; seine Untertanen sind eine große Familie, der christliche Fürst ist ihr Vater[68] und gleichsam ein lebendes Gesetz[69]. Der Staat ist Gottes Ordnung. Die Eigenschaften Gottes überträgt Erasmus auf den princeps christianus. Ihn nachzuahmen muß das Ziel des christlichen Fürsten sein. Was Gott im Universum, die Sonne im Weltall, was die Augen im Körper sind, das muß der Fürst im Staate sein[70]. Diese christliche Durchdringung des Fürsten als Monarchen und Stellvertreter Gottes zeichnet die eine Seite der Stellung des Fürsten im Staate aus. Sie enthält noch alle mittelalterlichen Elemente, die das persönliche und theokratische Verständnis von der Stellung des Fürsten kennzeichnen und ihn aus eigener Macht und nicht als Organ des Volkes handeln lassen.

Aber schon im Mittelalter wurde verschiedentlich der Versuch unternommen, die Macht des Fürsten von Gott und dem Volke zugleich abzuleiten. Am bekanntesten sind die Formulierungen bei *Wilhelm von Ockham*[71] und *Thomas von Aquin*[72]. So erfuhr im späten Mittelalter die theokratische Idee eine allmähliche Abschwächung. An dieser Zersetzung hatte die aristotelische Lehre entscheidenden Anteil[73]. Nachdem man zunächst die Entstehung des Staates auf den Naturtrieb oder auf die menschliche Natur zurückgeführt hatte, war die Idee der göttlichen Stiftung des Staates verblaßt; zwar wurde der göttliche Wille noch als wirkende Ursache festgehalten, aber er findet sich nur noch als „causa remota". Während man sodann die Staatsgewalt aus dem Willen und der Zustimmung des Volkes ableitete, verschwand die Lehre von der unmittelbar göttlichen Einsetzung des Herrschers. Es bleibt allerdings der Satz, daß alle Obrigkeit von Gott ist, aufrecht, schwächt sich aber zu einer Lehre ab, nach welcher die Gesamtheit

---

[66] LB. V, 49 A; IV, 572 E, 570 A; 571 C, D; 578 C; 584 B; s. auch fatuum aut Regem nasci opportere LB. II, 106 ff.

[67] Enchiridion, S. 99; Brief an *Franz I.* vom 1. Dezember 1523, Allen V, 352 (Briefe S. 323 f.).

[68] LB. IV, 574 F.

[69] LB. IV, 595 D; über die antike Tradition der Formel des princeps als lex animata vgl. W. *Berges,* S. 49 mit Anm. 2.

[70] LB. IV, 582 A.

[71] Er lehrte: „Imperium a Deo et tamen per homines", s. *Gierke,* Althusius, S. 63, Anm. 20.

[72] Er sah in Gott die „causa remota" der Enstehung der staatlichen Autorität, in den sich zusammenschließenden Menschen dagegen die „causa proxima", s. *Gierke,* Althusius, S. 63; dazu im einzelnen J. *Sauter,* S. 75 f., 84; vgl. auch die Übersicht bei U. *Häfelin,* § 3.

[73] Nachweise bei *Sauter,* S. 75 f. mit Anm. 9 ff.

unmittelbar von Gott das Recht empfängt, „eine hiermit ohne weiteres der göttlichen Sanktion teilhafte Obrigkeit zu erzeugen"[74].

In diesem Sinne dringt, gleichsam als Gegenströmung[75], bei Erasmus die Idee der Volkssouveränität gegen die mittelalterlich-theokratischen Bestandteile im Staatsdenken vor und kennzeichnet damit den anderen, moderneren Wesenszug in der Stellung des Fürsten im Staat. Dabei verlagert sich das christliche Denken und bildet seinen Schwerpunkt nunmehr im Bereich der Staatsethik[76].

An zahlreichen Stellen seiner Werke zeigt uns Erasmus mit aller Klarheit, daß er sich bereits weitgehend von der theologischen, die Person des Monarchen im Mittelpunkt sehenden Betrachtungsweise frei gemacht hat. Unabhängig von monarchischer oder demokratischer Auffassung stellt Erasmus klar heraus, daß der Fürst ein Amt bekleidet[77], und zwar kein privates, sondern ein öffentliches[78]. Der Fürst steht dem Staat nicht mehr als Gottes Stellvertreter gegenüber, er ist auch nicht mehr Eigentümer des Staates wie noch im germanischen Mittelalter[79]. Der Fürst als Amtsträger ist Teil des Staates: „Der Staat ist größer als allein das fürstliche Haupt[80]." „Der Fürst als Haupt des Staatskörpers ist dessen vornehmstes Glied[81]." Das Staatsoberhaupt unterliegt nicht mehr einer individuellen Betrachtungsweise: „Auch ohne Fürst bleibt der Staat bestehen[82]."

So werden Staat und Monarch zu einer Einheit zusammengeschmolzen, indem die mit dem Staat nach antikem Vorbild identifizierte Volksgesamtheit in die Person des Fürsten verlegt wird, der diese nunmehr vertritt. Es erscheint der Fürst bei Erasmus hier als staatlicher Amtsträger. Von hier aus gesehen ist es notwendig und folgerichtig, wenn Erasmus davon ausgeht, daß Herrschaft, Macht und

---

[74] *Gierke*, Althusius, S. 63.

[75] U. *Häfelin*, S. 21, Anm. 134, macht zu Recht darauf aufmerksam, daß gegen Ende des Mittelalters zwei Entwicklungen nebeneinander herliefen: einerseits konzentrierte sich die Macht immer stärker im Monarchen, andererseits wurde zusehends die Ableitung aller Gewalt vom Volk hervorgehoben.

[76] Darüber sub III, 4.

[77] Enchiridion, S. 96; LB. V. 47 D, F (princeps als magistratus); V, 48 E (princeps als persona publica).

[78] LB. V, 47 F munus publicum; LB. IV, 583 B fungere pulcerrimo munere; IV, 565 E; Brief an *Heinrich VIII.* v. 9. September 1517, Allen III, 77 (Briefe, S. 177 f.), dort auch der Satz: Der Monarch ist etwas Herrliches unter den Menschen und geradezu eine Gottheit, und doch ist er ein Mensch.

[79] Die Untertanen sind nicht wie Sklaven Eigentum des Fürsten, LB. IV, 577 B, 578 D, E; LB. IV, 577 B: Glaube nicht, daß dein Gesinde dir gehöre, sondern gehe davon aus, daß alle Bürger dir gleich sind.

[80] LB. IV, 601 A.

[81] LB. IV, 579 E.

[82] LB. IV, 601 A.

Amtsgewalt des Fürsten auf der Zustimmung des Volkes beruhen
und diese Zustimmung zu bestimmten Regierungshandlungen weiterhin erforderlich ist, ja vielleicht sogar widerrufen werden kann[83].

Indes begnügt sich Erasmus nicht damit, die öffentliche Amtsstellung
des Fürsten lediglich als institutionelle Zuständigkeit zu kennzeichnen,
er dringt vielmehr auch in das Wesen des Amtes ein und befaßt
sich mit dem Amtsträger, durch den das Amt als geistiges Gebilde
erst seine praktische Wirksamkeit entfaltet.

Für Erasmus unterscheidet sich der Fürst als Amtsträger wesentlich
vom privaten Bürger. Über den Vorgang der Wandlung zum Amtsträger erfahren wir bei Erasmus allerdings wenig. So bleibt offen,
wie sich Erasmus zur Frage der Herrscherweihe stellt. Ob die Einsetzung des Fürsten durch Wahl oder auch durch Weihe und Salbung
erfolgte, hat ihn anscheinend nicht berührt[84]. Ihm kommt es mehr auf
den Charakter des Amtes als eines höheren entpersönlichten Seins an.
Die Unpersönlichkeit der Motivation des Amtsträgers steht im Vordergrund: Deshalb schließt sich Erasmus *Plato* an und sagt, niemand sei
geeigneter, die Macht des Amtes zu haben, als der, welcher sie nicht
aus Eigeninteresse, sondern gezwungenermaßen übernehme. Wer sich
selbst nach der Macht dränge, sei entweder ein Narr, weil er die
Arbeit nicht bedenke, oder aber ein unfrommer Mann, da er nicht
zum gemeinen Nutzen, sondern für sich selbst regieren wolle[85].

Hat der christliche Fürst dann sein Amt übernommen, so treffen
ihn besondere, höherstehende Amtspflichten. Hiermit zeigt Erasmus
an, daß er den Fürsten als Amtsträger in der Sphäre eines höheren
Seins betrachtet[86]. Diese höherstehenden Pflichten bestehen für
Erasmus nach *Aristoteles* in höchster, absoluter Tugend, für den
privaten Bürger genüge es dagegen maßzuhalten[87]. Der Amtsträger
muß sich ständig bewußt sein, daß er Vorbild ist. Seine öffentliche
Funktion kommt darin zum Ausdruck, daß er seine Amtstätigkeit

---

[83] LB. II, 965 C; LB. IV, 609 B und öfter.
[84] Obwohl die Fragen zu den Streitfragen des Mittelalters gehören, vgl.
F. *Kern*, § 3; in einem Brief an *Karl V.* vom 13. Januar 1522 (Allen V, 4;
Briefe, S. 299) beschränkt sich Erasmus auf die Feststellung, der Kaiser
werde gesalbt und geweiht, damit er die Religion des Evangeliums schütze,
wiederherstelle und verbreite.
[85] LB. IV, 570 D; V, 48 A.
[86] LB. IV, 580 B: Nachdem du dich einmal dem Staate geweiht hast, steht
es dir nicht mehr frei, nach deiner Art zu leben; du mußt den Charakter als
Amtsperson, den du auf dich genommen hast, wahren und schützen (per-
sonam, quam suscipisti, sustineas ac tuearis opportet). Vgl. auch den in
Anm. 78 angeführten Satz: Ein Monarch ist geradezu eine Gottheit . . .; über
das Wesen der Repräsentation als eine Art höheren Seins vgl. C. *Schmitt*,
S. 210; G. *Leibholz*, S. 32.
[87] LB. IV, 583 B.

öffentlich ausführt[88], ferner darin, daß sein gesamtes Handeln von
der Sorge um das Gemeinwohl, das jedes Privatinteresse ausschließt,
geprägt ist[89]. Die völlige Wandlung der Person des Amtsträgers in
eine öffentliche zeigt sich darin, daß ihr gesamtes Leben, also auch
das Privatleben, nach Erasmus jedermann offenbar zu sein hat[90]. Die
öffentliche Funktion des fürstlichen Amtes wird weiterhin dadurch
betont, daß zwischen Fürst und Volk wechselseitige Beziehungen in
Form gegenseitiger Pflichten bestehen. Das Volk schuldet dem Fürsten
als Amtsträger Steuern, Gehorsam und Achtung. Dafür hat der Fürst
für das Volk ein guter und wachsamer Fürst zu sein[91]. Beide bilden
im Staat eine Schicksalsgemeinschaft. Kommt der Fürst vom Wege
des Ehrbaren ab oder versündigt er sich durch Torheit, Ehrgeiz
oder Zorn, so tut er das zum Schaden des ganzen Volkes[92].

Der Fürst hat sein Amt als Vertrauensmann seiner Untertanen
in der Sorge um das gemeine Wohl mit Weisheit und Vernunft unter
Anstrengung aller seiner Kräfte zu führen. Dabei muß der Fürst
das Vertrauen seiner Untertanen gewinnen. Es ist für Erasmus von
großer Wichtigkeit, daß die Amtsstellung des Fürsten vom Vertrauen
und von der auf Gegenseitigkeit beruhenden Liebe des Volkes zu
seinem Fürsten getragen ist[93]. So wird das Vertrauen zwischen Volk
und Regent zu dem Bande, das den Fürsten als Amtsträger mit dem
Volke verbindet, von dessen consensus seine Herrschaft getragen ist.
Mit dieser Betonung des Vertrauenserfordernisses hat Erasmus einen
frühzeitigen Beitrag für die Entwicklung des modernen Demokratie-
begriffs geleistet. Vor allem die angelsächsische Theorie der Repräsentation hat klar herausgearbeitet, daß das Element des Vertrauens
die seelische Grundlage der repräsentativen Demokratie ist[94].

Es zeigt sich also, mit welcher Klarheit Erasmus die Stellung des
Fürsten als Amtstätigkeit sieht. Bei aller Vorsicht, die bei einer
vergleichenden Betrachtung der Begriffe von Mittelalter und Neuzeit
angebracht ist, wird man sagen dürfen, daß der Amtsbegriff des
Erasmus bereits die wesentlichen Kriterien des heutigen Amtsbegriffs

---

[88] LB. IV, 605 D.
[89] LB. IV, 571 A und öfter.
[90] LB. IV, 568 F.
[91] LB. IV, 579 D.
[92] LB. IV, 608 B.
[93] Brief an Anton *von Bergen* vom 14. März 1514, *Allen* I, 551 (Briefe,
S. 97 ff.); LB. IV, 567 A; IV, 569 E und öfter.
[94] Zum Vertrauen als Begriff der politischen Theorie vgl. W. *Hennis*, S. 56,
mit zahlreichen Nachweisen aus dem angelsächsischen und deutschen Schrifttum.

enthält[95]. Die Frage, ob dem Kaiser oder König eine Amtsstellung zukam, war im späten Mittelalter heftig umstritten[96]. Wenn auch Erasmus die Amtsstellung des Fürsten erkannte, so gelang ihm, wie bereits festgestellt, doch nicht der entscheidende und folgerichtige Schritt, den Staat selber als institutionalisierte Rechtspersönlichkeit zu sehen. Das geschah erst durch *Althusius, Grotius* und vor allem *Hobbes*[97].

Versucht man, die Gedanken des Erasmus zur Stellung des Fürsten zusammenzufassen, so gelangt man zu folgendem Ergebnis: Die Auffassung des Erasmus bildet auch hier kein einheitliches System. Der Herrscher, der seine Macht letztlich von Gott ableitet, ist Monarch. Innerhalb dieser monarchischen Hülle wird der Monarch als Amtsträger verstanden, der fremde Rechte ausübt. Die Auffassung vom Wesen des Amtes und die Einsicht in die Notwendigkeit des Vertrauens zwischen Herrscher und Volk zeigen jedoch zugleich eine deutliche Öffnung zum repräsentativ-demokratischen Denken, allerdings ohne daß diese Gedanken zu einer klaren Erfassung der Volkssouveränität führen und die monarchistischen Züge im Staatsbild überdecken können[98]. So zeigt sich bei näherer Betrachtung des Fürstenamtes, daß im erasmischen Staatsdenken überwiegend monarchisches, aber auch nicht zu übersehendes demokratisches Gedankengut zusammenströmen und eine Synthese christlichen und rationalen Denkens bilden, die alle jene Elemente im Keim enthält, derer die Staatsdenker im 16. und 17. Jahrhundert für ihre auseinanderstrebenden Lehren bedurften.

Auf diese Weise verbinden sich die christlich-monarchischen und die antik-demokratischen Gedanken zu dem typisch universalen Theismus des Humanisten. So schieben sich im Staatsdenken des Erasmus, wie *Oncken* es bereits für die Person des *Thomas Morus*

---

[95] Vergleicht man die heutige Auffassung vom Wesen des Amtes in der Staatslehre (s. *Krüger*, § 19) mit der des Erasmus, so stellt man fest, daß die entscheidenden Punkte (Amt als instituierte Zuständigkeit, die Wandlung des Privaten zum Amtsträger, das Leistungsprinzip u. a. m.) sich bereits bei Erasmus erörtert finden.

[96] Einen Überblick über den Streitstand gibt. U. *Häfelin*, S. 18, Anm. 119; ihm ist darin zuzustimmen, daß die diesbezüglichen Äußerungen von *Baldus* und Nicolaus *von Cues* einen solchen Schluß noch nicht zulassen.

[97] Vgl. U. *Häfelin*, §§ 6—8; *Gierke*, Althusius, S. 161.

[98] Es ist fraglich, ob das monarchische Element nur ein mittelalterliches Überbleibsel aus der Causa-proxima-causa-remota-Lehre ist. Vielmehr dürfte davon auszugehen sein, daß das Staatsbild des Erasmus als Vorläufer jener Erscheinung zu werten ist, die F. J. *Stahl* im 19. Jahrhundert als das „monarchische Prinzip" bezeichnete, das bei *Stahl* jene theistische und personalistische Ausprägung fand, nach der der Staat weniger Organismus als Idee und sittliches Reich war (vgl. A. *Kaufmann*, S. 56 ff., 79).

festgestellt hat[99], antike und christliche Bestandteile kaum löslich ineinander.

b) die Beamtenschaft

Erasmus weiß, daß der beste Fürst und hervorragende Gesetze nichts nützen, wenn eine korrupte Beamtenschaft die Gesetze schlecht ausführt[100]. Die Gedanken des Erasmus zu diesem Thema bewegen sich nicht um die Frage der Organisation der Beamtenschaft, ihrer Rechtsstellung und Rechte, sondern, wie es auch in der Führstenlehre zu beobachten ist, um das Problem der Eignung, der Auswahl und der Gesinnung der Beamten. Bei der Erörterung dieser Fragen schließt sich Erasmus eng und zum Teil wortgetreu an *Platos* Lehre von den Staatswächtern an.

Nach der Meinung des Erasmus kann sich der Fürst durch nichts verdienter um den Staat machen als durch eine weise Auswahl der Beamten[101]. Diese sind nach Weisheit und Unbescholtenheit auszuwählen[102]. Sie sollen uneigennützig und gut beleumundet sein. Mit *Plato* kommt Erasmus daher zu dem weisen Staatswächter als idealen Bamten, der zwischen 50 und 70 Jahre alt sein soll. Nur bei solchen Männern ist nach der Meinung des Erasmus gewährleistet, daß sie größtes Wissen, Erfahrung und Ansehen[103] beim Volke besitzen[104].

Erasmus folgt weiterhin *Plato*[105], wenn er fordert, daß die Beamten nicht durch Geld in ihre Ämter kommen und daß sie diese unentgeltlich zu verwalten haben. Nur so sei gewährleistet, daß diejenigen, die der Fürst nach ihrer Qualität aussuche, in die Ämter kämen und nicht jene, die die Ämter teuer kaufen könnten[106]. Wer sein Amt gekauft habe und für seine Amtsdienste Geld nähme, sei auch bestechlich. Deshalb müsse die ganze Aufmerksamkeit des Fürsten darauf gerichtet sein, für unbestechliche Beamte zu sorgen und zu verhindern, daß den Beamten aus ihren Geschäften Geld entspringe[107]. Das lasse sich nur erreichen, wenn der Fürst den Beamten Vorbild sei und sich ihnen

---

[99] H. *Oncken*, Einleitung zur Utopia, S. 26.

[100] LB. IV, 595 D, 597 C, 599 B, 600 B, 601 C, 602 B, teils unter Berufung auf *Plato*, teils auf *Aristoteles*.

[101] LB. IV, 601 F.

[102] LB. IV, 601 D.

[103] Mit diesem Gesichtspunkt erfaßt Erasmus wiederum das Moment des Vertrauens zwischen Obrigkeit und Untertan.

[104] LB. IV, 601 D; *Plato*, Staat, 374 d—376d, 412 b—412 e, 413 c—414 b.

[105] *Plato*, Staat 416 c—417 b.

[106] LB. IV, 602 C, D.

[107] LB. IV, 602 F.

gegenüber so verhalte, wie er wolle, daß sie sich dem Volke gegenüber verhielten[108].

Erasmus stellt sich unter den idealen Beamten also weise, unbescholtene und uneigennützige Männer vor, die mit dem Vertrauen des Volkes ihr Amt ehrenamtlich bekleiden und dabei nichts als das gemeine Wohl beachten[109]. Wir finden den Amtsgedanken bei Erasmus somit nicht nur im Fürsten, sondern auch in der Beamtenschaft ausgeprägt. Ihrer untergeordneten Stellung entsprechend leiten die Beamten ihre Amtsgewalt nicht wie der Fürst von Gott, sondern vom Fürsten ab, der hier Gott als Vorbild ablöst[110].

Die Beamtenstellung ist sehr stark dem antiken Staatswächterideal *Platos* angeglichen, ohne allerdings bis zu *Platos* Frauen- und Kindergemeinschaft der Wächter zu gehen[111]. Erasmus beschränkt sich aber nicht auf eine reine Übernahme des antiken Staatswächterbegriffes. Er richtet ferner die Gesinnung der Beamten am gemeinen Wohl aus. Da der Begriff des Gemeinwohls, wie bereits nachgewiesen, eine Konkretisierung christlich-ethischen Denkens darstellt, führt er auch hier wieder christliche Gesinnung mit antiken Formen zusammen.

4. Amt und Moral, die Staatsethik des Erasmus

Die Frage nach dem Verhältnis von Macht und Sittlichkeit, Politik und Moral, nach dem utile und dem honestum ist so alt wie die Lehre vom Staat selber. Wenn, wie wir sehen werden, Erasmus sich dieser grundlegenden Frage zugewandt hat, so nicht zuletzt deswegen, weil sie gleichermaßen in der Antike und im Mittelalter umstritten war. So mußte der Dualismus von Macht und Sittlichkeit für den Humanisten Erasmus von besonderem Interesse sein. Für den in seinem Denken zutiefst ethisch orientierten Erasmus mußte die Frage schon von seiner ganzen Lebensauffassung her im Vordergrund stehen.

Die Antike hatte bereits eine ausgeprägte Staatsraison hervorgebracht. So hatte *Aristoteles* im 5. Buch der Politik das Konzept einer tyrannischen Staatsraison entworfen. *Cicero* war dem Gegensatz von Staatsraison und Moral im 3. Buch seiner Offizien nachgegangen und zu

---

[108] LB. IV, 602 C, E.

[109] Erasmus sieht den Beamten nicht als Diener des Königs, vielmehr sieht er ihn als der Gesamtheit verpflichtet. Deshalb betont er ausdrücklich (LB. IV, 601 F), daß die Beamten ihre Entscheidungen nach dem gemeinen Wohl, nicht dem des Herrschers und der Obrigkeit treffen.

[110] LB. IV, 637 E (Klage des Friedens, S. 60 f.): Die Fürsten sollen weise sein . . . Diesen Sinn des Fürsten sollen auch die Adligen und Beamten nachahmen. Alles sollen sie am Staatswohl messen . . .

[111] Vgl. *Plato*, Staat 457 c, d.

dem Ergebnis gekommen: Utilitatis specie in republica saepissime peccatur[112]. Bei *Tacitus* wurde die Idee der Staatsraison besonders klar entwickelt. Das frühe Christentum, das sich bald als moralischer Gegenpol erwies, ließ dann durch *Augustin* die Grabrede auf das kalte antike Macht- und Zweckdenken sprechen: Remota iustitia quid sunt regna nisi magna latrocinia[113]? Im gesamten Mittelalter versuchte die christliche Ethik, den reinen Machtgedanken im Staat niederzuhalten. „Die neue universale Religion stellte zugleich ein universales Moralgebot auf, dem auch der Staat gehorchen sollte, verwies den einzelnen Menschen auf jenseitige Werte und ließ alle diesseitigen Werte und damit auch den Heroismus als Wegbahner von Machtpolitik und Staatsraison zurücktreten[114]." *Thomas von Aquin* führte gradlinig das Prinzip durch, daß das staatliche Handeln den sittlichen Normen unterworfen ist und daß für die Politik kein anderes Sittengesetz gilt als für das private Leben, daß also auch für die Politik das Grundgesetz der respublica sub Deo besteht[115].

Das ganze Problem mußte für die Humanisten in ihrem Bestreben der Vereinigung antiker Ratio mit mittelalterlich-christlichem Mythos ihre eigentliche Geisteshaltung offenbaren. Es stellte sich ihnen die christliche Grundfrage, wie sich die Macht, die der Staat nach innen und außen ausübt, zu der im Christentum dargestellten sittlichen Idee verhält. Inwieweit ist die Rechtsordnung des Staates in den sittlichen Ordnungen des Christentums verankert?

Erasmus stand dieser Frage allerdings nicht als erster Humanist gegenüber. Bereits fast 400 Jahre vor Erasmus war der Humanismus des 12. Jahrhunderts mit *Johann v. Salisbury* auf die gleichen Fragen gestoßen. Dieser hatte durch Übernahme und tiefsinnige Deutung der sogenannten Institutio Traiani[116] sich ganz auf die antike Seite geschlagen, sich gegen die mittelalterliche Corpus-Christi-mysticum-Lehre gewandt und die antike Lehre vom Staatsorganismus übernommen. Er sah den Staat als einen naturrechtlichen Organismus[117]. Dem Naturrecht entnahm der denn auch seine Ethik, die dementsprechend von der Vernunft und dem freien Willen, nicht vom Christentum geprägt war.

---

[112] De officiis III C. 11. Das im Sinne der stoischen Ethik voller Bedauern Festgestellte hätte auch aus dem Munde des Erasmus stammen können.

[113] De civitate Dei 4, 4.

[114] F. *Meinecke*, Staatsräson, S. 31.

[115] O. *Schilling*, Thomas von Aquin, S. 212 f.

[116] Über ihren wahren Ursprung herrscht Streit. W. *Berges*, S. 42, führt sie auf *Plutarch*-Exzerpte eines frühchristlichen Autors zurück und stellt S. 43 Anm. 1 fest, die Institutio Traiani zeige einerseits einen antiken Einschlag, lasse aber andererseits einen christlichen Urheber erkennen.

[117] W. *Berges*, S. 46.

So war sein platonisch gezeichnetes Vernunftkönigtum[118] im Grunde von einer völlig säkularisierten Ethik durchdrungen[119].

Man wird bezweifeln müssen, ob Erasmus diese frühen Berührungspunkte mit der Antike kannte. Die Frage kann dahinstehen. Die Sache war das ganze Mittelalter über im Streit[120], und Erasmus hatte die Frage des Verhältnisses von Macht und Sittlichkeit im Angesicht der eingangs geschilderten geschichtlichen Situation neu zu durchdenken und Antikes und Christliches zu einer eigenen, sich von der politischen Ethik *Salisburys* grundsätzlich unterscheidenden Ethik aufeinander abzustimmen.

Auch hier muß man sich wieder die historische Lage vor Augen halten. Das neue Emporkommen der territorialen Machtstaaten, auf deren Boden das staatsegoistische Denken *Machiavellis* sich fruchtbar entwickeln konnte, forderte aus christlicher Sicht geradezu eine dieser Staatsraison entgegengesetzte, von christlichem Geist durchdrungene politische Ethik heraus. Erasmus knüpfte seine staatsethischen Forderungen daher unmittelbar an das von Kriegen und nationalen Machtkämpfen erschütterte Staatsgefüge Europas zu Beginn des 16. Jahrhunderts an. Er wendete sich scharf gegen die allgemeine Ansicht seiner Zeit, nach der sich der sittenreine Mensch und der Fürst nicht miteinander vereinigen ließen und nach der es als lächerlich und töricht galt, beim Lobe eines Fürsten seine sittlichen Vorzüge zu erwähnen[121]. Die Entscheidung in der Grenzsituation zwischen politischer Staatsraison und Moral ist für Erasmus klar. Die Moralgesetze stehen über dem Staatsinteresse. „Kannst du zugleich Fürst und guter Christ sein, dann erfülle diese schöne Aufgabe; wenn dir das nicht möglich ist, trenne dich lieber vom Fürstenamt, als daß du um deiner Stellung willen ein schlechter Mensch wirst. Ein guter Christ kann auch der noch sein, der kein guter Fürst sein konnte, aber niemand kann ein guter Fürst sein, der nicht auch zugleich ein guter Christ ist[122]."

Die Abgrenzung ist eindeutig und stellt die extreme Gegenthese zu *Machiavellis* Staatsraison dar[123]. Für den Fürsten darf nicht allein das

---

[118] Auch er forderte, wie später Erasmus, mit *Plato,* die Philosophen sollten Könige, die Könige Philosophen sein, W. *Berges,* S. 50.

[119] Vgl. dazu W. *Berges,* S. 42 ff., 137 ff.

[120] Vgl. W. *Berges,* S. 40—126.

[121] LB. IV, 583 B.

[122] LB. IV, 583 B: Si potes simul esse Princeps et vir bonus, fungere pulcerrimo munere; sin minus, abiece Principem potius quam ut ea gratia vir malus fias . . . At bonus Princeps esse non potest, qui non idem sit vir bonus; vgl. auch LB. IV, 568 B: Obfirma animum, ut malis esse vir iustus quam Princeps iniustus.

[123] Obwohl Erasmus, als er seine Institutio schrieb, *Machiavellis* Fürsten noch nicht kennen konnte. Der erste Druck dieser Schrift erfolgte 1532 in

Staatsinteresse oder gar sein persönlicher Vorteil Maßstab des Handelns sein, sondern einzig und allein das Sittlichgute, das honestum[124]. Aus dieser Sicht entwirft Erasmus nun seine politische Ethik, die von der Liebesethik des Evangeliums getragen ist. Für ihn ist die wahre Philosophie identisch mit der reinen Lehre Christi[125]. Ausfluß dieser für den Humanisten typischen Religionsauffassung ist seine Forderung, der König müsse wie die Staatswächter *Platos* ein Philosoph sein[126]. Wenn schon die Heiden ohne das Licht des Christentums die sittliche Macht erkannten, wieviel mehr muß der Princeps Christianus sie befolgen[127], die Forderungen der christlichen Ethik treffen nicht nur Mönche und Priester, sondern jeden, der Christ zu sein behauptet. Vor allem aber treffen sie den Fürsten, dessen Tugend allen Christen Vorbild sein soll[128]. Er hat schließlich auch am Ende Gott als seinem Richter eine viel strengere Rechenschaft abzulegen.

Wir haben festgestellt, daß Erasmus den Fürsten als Ebenbild und Statthalter Gottes betrachtet[129]. Dieser Gesichtspunkt ist hier zu vertiefen. Erasmus fordert, wie Gott solle der Fürst über die drei vornehmsten Eigenschaften verfügen: größte Macht, höchste Weisheit und größte Milde[130]. Wie Gott in der Regierung der Welt muß auch der Fürst alle Gefühlsregungen ausschließen und darf nur seiner Vernunft und klaren Urteilskraft gehorchen. Antike Herrschervergötterung mischt sich mit der mittelalterlich-christlichen Rex-imago-Dei-Lehre. Diese hatte zur Zeit des Erasmus schon eine lange exegetische Tradition hinter sich[131]. Die mittelalterlich-kirchliche Soziallehre betrachtete das Königtum als Faktum der Heilsgeschichte[132], ausgehend von Römer 13,1: Omnis potestas a Deo. Jeder König war insofern, als er Gewalt hatte, „imago Dei". Aus dieser Stellung des Königs wurde die Rex-imago-Dei-Lehre ethisch begründet: Der König soll vor allem sittliches Ebenbild Gottes sein, indem er die Gewalt als das Göttliche im

---

Rom (F. *Meinecke,* Machiavelli, S. 46); der erste handschriftliche Entwurf stammt bereits aus dem Jahre 1513 (F. *Meinecke,* a. a. O., S. 38 ff.).

[124] LB. IV, 565 E.

[125] LB. IV, 566 A. . . . der Sache nach dasselbe, ein Philosoph und ein Christ zu sein . . .

[126] LB. IV, 566 A: Ni philosophus fueris, princeps esse non potes, tyrannus potes.

[127] Diesen Schluß zieht Erasmus immer wieder, vgl. LB. IV, 572 E; 773 E.

[128] LB. IV, 567 B—567 D: Christiani est, ab omni turpidine prorsus abhorrere. Princeps est, integritate prudentiaque caeteros antecellere. Vgl. auch LB. IV, 580 C und 566 B.

[129] LB. IV, 569 B; 570 A; 584 B und öfter.

[130] LB. IV, 569 D.

[131] Vgl. W. *Berges,* S. 26 ff.

[132] Näheres bei E. *Troeltsch,* Soziallehren, S. 53 ff.; 162 ff.; W. *Berges,* S. 24 ff.

Sinne Gottes anwendet[133]. Dieses Gedankengut übernimmt Erasmus und schließt sich jener Lehre[134] an, nach der die Herrschaft Gottes in der Natur als exemplarisch betrachtet wurde und man die ethischen Forderungen an den Herrscher als Regenten an Gottes Stelle richtete. So übernimmt Erasmus im staatsethischen Bereich für seine fürstliche Pflichtenlehre die christliche Rex-imago-Dei-Lehre. Er beschränkt sich bei Übernahme allerdings auf den ethischen Bereich und umgeht auf diese Weise das theokratische Moment, das dieser Lehre im Mittelalter eigen ist[135].

Die erasmische Staatsethik ist von einem weiteren Leitgedanken gezeichnet. Was im profanen Denken über den Staatszweck das bonum commune, die publica utilitas ist, erscheint in der christlichen Ethik als Charitasidee[136]. Die Charitas ist die Norm des Christen im staatlichen Leben, das bonum commune die des Fürsten, ohne daß inhaltlich ein Unterschied besteht. Was für den einzelnen Christen die Charitas normiert, ist das Racheverbot, das Gebot der christlichen Liebe[137], bei Erasmus sogar die Feindesliebe[138] und Aussöhnungsbereitschaft. Erasmus erstrebt durch den Charitasgedanken eine Vergrößerung und Erhaltung von Liebe und Eintracht in der respublica christiana[139]. Hat der Charitasgedanke insoweit im wesentlichen eine gesellschaftliche Intention, so besitzt diese Idee in ihrer profanen Ausprägung des Gemeinwohls eine wesenhaft politisch-ethische Funktion. Somit erhellt,

---

[133] W. *Berges*, S. 25.

[134] Vgl. W. *Berges*, S. 31 ff., der diese Lehre als kosmologische Ethik bezeichnet.

[135] Die Übernahme der Rex-imago-Dei-Lehre durch Erasmus zeigt uns einen typischen Zug seines ethischen Denkens: Es ist stets nach Vorbildern ausgerichtet. Religiöse und historische Gestalten (exempla), zu deren Nachahmung er auffordert, sollen erstrebte Eigenschaften deutlich werden lassen; dabei stellt Erasmus nicht die geschichtliche Persönlichkeit in den Vordergrund, sondern diejenige Eigenschaft, die er in ihr verkörpert zu sehen scheint, so W. *Welzig, Enchiridion*, S. 84, Anm. 29; vgl. auch A. *Auer*, S. 104 ff. Typische Beispiele hierfür: Brief an den Präsidenten des Untersuchungsgerichtshofes in Paris, Stefan *Poncher*, vom 14. Februar 1517, Allen III, 454 (Briefe S. 164), wo Erasmus in *Franz I.* den idealen Fürsten sieht und dessen vorbildliche Eigenschaften aufzählt; ferner Brief an Ulrich *von Hutten* vom 23. Juli 1519, Allen IV, 12 (Briefe S. 249 ff.): Glückliche Staaten, wenn der Fürst allenthalben Beamte wie *Morus* an die Spitze stellen würde; ferner LB. IV, 581 E: Der weise Salomon ist Vorbild für einen Fürsten.

[136] Die Verwandtschaft der beiden Begriffe ist oben (S. 34) bereits erörtert worden.

[137] Römer 13, 8: Seid niemand nichts schuldig, als daß ihr euch untereinander liebet; s. LB. IV, 564 E: Der Fürst soll niemanden verachten, er soll zu jedem aus dem Volke gütig sein; LB. IV, 567 A: Fürstliche Gesinnung ist väterliche Liebe zum Volk.

[138] Nachweise bei H. *Treinen*, S. 129.

[139] H. *Treinen*, S. 137.

daß die Verwirklichung des Gemeinwohls durch den Fürsten nicht nur Erfüllung des Staatszwecks[140], sondern das Gemeinwohl als ethisch-christliches Leitbild zugleich moralischer Maßstab für die Ausübung der Staatsgewalt ist. So ist es nicht verwunderlich, daß Erasmus seiner Institutio als Widmung an den späteren *Karl V.* den Satz voranstellt, er habe mit der Institutio nichts anderes im Auge als die Förderung des Gemeinwohls[141].

Diese Forderung trägt Erasmus wiederholt vor. Das Amt des Fürsten und seine Aufopferung für das Volk versteht er ganz im Sinn der christlichen Askese. Der Fürst muß sich notfalls mit seinem Leben für das Wohl des Volkes einsetzen[142]. In der täglichen Ausübung der Staatsgewalt soll er niemandem Gewalt antun, keine Ämter und Würden verkaufen, sich nicht bestechen lassen, sondern die Gerechtigkeit und den gemeinen Nutzen fördern. Finanzielle Verluste muß der Fürst in Kauf nehmen, wenn er auf diese Weise der Gerechtigkeit nützt. Persönlichen Ehrgeiz und Stolz hat der Fürst zurückzustellen. Er soll lieber Schmach und Beleidigung erdulden, anstatt sich zum Nachteil des gemeinen Nutzens selber zu rächen[143]. Persönliche Neigungen und Gemütserregungen haben hinter das Gemeinwohl zurückzutreten. Überall hat der Fürst, genau wie seine Beamten[144], sich am Gemeinwohl zu orientieren: bei der Gesetzgebung[145] und bei den Bündnissen[146]. Dinge, die sich auf den gemeinen Nutzen erstrecken, hat er besonders zu fördern[147]. Vor allem aber darf der Fürst einen Krieg, wenn er ihn als ultima ratio führen muß, nur aus Gründen des gemeinen Wohls beginnen[148]. Diesen Bogen spannt Erasmus vom Beginn bis zum Ende der Institutio. Er schließt sie ab mit der leidenschaftlichen Ermahnung an die christlichen Fürsten, für Frieden und Eintracht dadurch zu sorgen, daß jeder seine eigenen Belange zurückstellt, das gemeine Wohl im Auge hat und nicht die Welt, sondern Christus zum Maßstab des Handelns macht[149].

In diesen ethischen Forderungen verbinden sich die vom Christentum geforderte Liebesgesinnung und das Streben nach einem aufgeklärten eudämonistischen, bereits aus der Antike stammenden Staatszweck zu

---

140 Wie oben (S. 34 ff.) bereits näher ausgeführt.
141 LB. IV, 559: Non possum aliud quaesisse videri, quam publicam utilitatem, quam ut Regibus, ita et Regum amicis ac famulis oportet unicum esse scopum.
142 LB. IV, 565 E.
143 LB. IV, 568 A, B.
144 LB. IV, 601 F.
145 LB. IV, 595 D.
146 LB. IV, 603 A.
147 LB. IV, 606 F.
148 LB. IV, 609 B.
149 LB. IV, 610 F.

einer festen Einheit. In dieser Verbindung findet die humanistische Staatsanschauung in ihrer Abhängigkeit von der Antike und ihrer positiv-kritischen Begegnung mit dem Christentum einen vollendeten Ausdruck.

Zur Abschreckung stellt Erasmus dem princeps christianus den gottlosen tyrannus gegenüber, der die vom antiken Naturrecht wie vom Christentum geforderte Freiheit der Einzelpersönlichkeit mißachtet und unterdrückt. *Friedrich Meinecke* hat in seinen Untersuchungen zum *Machiavellismus*[150] festgestellt, welche historischen Gegebenheiten im 15. Jahrhundert Machiavellis Gedankenwelt eines naiven und unbedenklichen Egoismus hervorgebracht haben[151]. Gerade gegenüber diesen Gefahren, die er in den Kriegsjahren zu Beginn des 16. Jahrhunderts selber erlebte, malte Erasmus in grellen Farben das von der Antike vorgezeichnete Bild eines gottlosen Tyrannen[152]. Dieser sei daran zu erkennen, daß er nur an seinen Nutzen denke, nicht an das Gemeinwohl[153]. Der Fürst befehle, was er für das Beste des Staates halte, der Tyrann, was ihm beliebe[154]. Erasmus führt aus, daß die Staaten, die zur Tyrannei ausgeartet seien, rasch ihrem Ende zugingen. Wer, wie der Tyrann, von vielen Menschen gehaßt werde, müsse viele Menschen fürchten und finde weder Ruhe noch Sicherheit. So finden wir in der Tyrannenlehre des Erasmus[155] Ethisches mit Praktisch-Politischem vereint.

Insgesamt zeigt sich, daß die erasmische Staatsethik mannigfache Elemente und Leitideen enthält, die antikes und mittelalterliches Denken verbinden. Die antike Forderung nach dem König als Philosophen und dem Philosophen als König fügt Erasmus mit der christlichen Fortführung der antiken Herrschervergötterung durch die Rex-imago-Dei-Lehre zusammen. Das spezifisch christliche Moment tritt zu dieser Einheit durch die Charitas-Idee hinzu.

---

[150] Vgl. F. *Meinecke*, Staatsräson, S. 34 ff.

[151] Nach *Meinecke* bildete sich in Italien im 15. Jahrhundert, „genährt durch alle realistischen Bestandteile der Renaissancekultur und unmittelbar gefördert durch die jetzt aufkommende Einrichtung ständiger Gesandtschaften, eine nach festen und sicheren Regeln verfahrende Staatskunst aus, die in dem Grundsatze des divide et impera gipfelte, alle Dinge nüchtern zu beobachten lehrte, innere religiöse und sittliche Hemmungen spielend-naiv überwand, aber in verhältnismäßig einfachen und mechanischen Operationen und Gedankengängen sich erging" (*Meinecke*, Staatsräson, S. 35).

[152] Erasmus unterscheidet dabei allerdings nicht den rechtmäßigen Fürsten, der seine Macht mißbraucht, vom unrechtmäßigen Fürsten, der durch Usurpation an die Macht gelangt ist.

[153] LB. IV, 570 F.

[154] LB. IV, 571 B, 577 A.

[155] Sie kann im Rahmen dieser Arbeit nur angedeutet werden. Im einzelnen vgl. LB. IV, 570 F — 573 A.

Erst durch dieses dritte Element erhält die Staatsethik jene
Ausgewogenheit zwischen Vernunfts- und Heilsdenken, die es so
schwer macht, diese Gedanken einer bestimmten Geistesepoche zu-
zuordnen.

Man hat Erasmus vorgeworfen, er habe mit seiner Staatsethik die
Forderung an die persönliche Sittlichkeit des Fürsten ins Unerfüllbare
erhoben[156]. Man wird sicherlich nicht leugnen können, daß Erasmus
das fürstliche Amt und seine Pflichten zuweilen zu idealistisch, zu
asketisch und auch wirklichkeitsfremd ohne Berücksichtigung der
praktischen Staatsnotwendigkeit gesehen hat. Doch wohnt diesem
Denken durchaus eine Konsequenz inne: Wir haben gesehen, daß
das Verhältnis von Kirche und Staat bei Erasmus gegenüber den
mittelalterlichen Lehren eine völlige Umstellung erfuhr; dieses stand,
wie auch *Geldner* zutreffend festgestellt hat[157], nicht mehr wie bisher
im Zentrum der Staatslehre. Aber diese Befreiung des Staates aus
der mittelalterlich-theokratischen Umarmung verlangte aus der christlichen Sicht des Erasmus einen Ausgleich. Der Fürst mußte durch
eine hochstehende Individualethik gebunden werden, und dieser
Aufgabe wird die Staatsethik des Erasmus gerecht.

---

[156] W. *Maurer*, S. 13, meint, hier zeige sich die Schranke der Staatsanschauung des Erasmus.
[157] F. *Geldner*, S. 140.

IV. Rechtliche Grundfragen der respublica christiana

1. Staat und Recht

Die grundlegende Bedeutung des Verhältnisses von *Staat* und *Recht* für die Staatsphilosophie ist nicht erst eine Entdeckung Otto von *Gierkes*, wenn er schrieb, Staat und Recht seien „durch, für und ineinander"[1]. Bereits dem mittelalterlichen Denken war die enge Beziehung zwischen diesen beiden Begriffen bewußt. Die mittelalterliche Auffassung des Kaisers als Vater und Sohn der Gerechtigkeit und, wie wir bei Erasmus bereits gesehen haben, des Fürsten als lex animata legen hierfür Zeugnis ab[2]. Dem Herrscher wird von der mittelalterlichen Lehre unter anderem die Aufgabe zugewiesen, das Recht zu bewahren und zu schützen. Demzufolge mußte der Herrscher ebenso wie das Volk unter den Gesetzen leben. Dieser Gedanke kommt, wie bereits nachgewiesen, auch bei Erasmus zum Ausdruck.

Das Verhältnis von Staat und Recht umfaßt auch die Frage nach der im Staat herrschenden Gerechtigkeit, nach *allgemeiner Gerechtigkeit* wie nach *Einzelfallgerechtigkeit*, die sich vornehmlich als die Frage nach dem Verhältnis von Gesetz und Recht stellt. Es ist selbstverständlich, daß Erasmus aus der Sicht seiner philosophia christiana oder, wie von anderer Seite[3] bezeichnet, seines biblischen Humanismus seinen Blick besonders auf die Frage nach der Gerechtigkeit als Zentralstück christlicher Theologie innerhalb des Verhältnisses von Ordnung und Freiheit im kirchlichen wie im weltlichen Bereich gerichtet hat[4]. Die Antwort auf diese Frage ist zugleich die Antwort

---

[1] *Gierke*, Althusius, S. 266; Genossenschaftsrecht III, S. 610.

[2] Vgl. E. H. *Kantorowicz*, S. 97 ff., 127, unter Hinweis auf die Zeit *Friedrichs II.* und dessen Liber augustalis von 1231; zur Gesamtentwicklung der Idee des Rechtsstaatsgedankens im Mittelalter vgl. *Gierke*, Althusius, S. 264; U. *Scheuner*, Begriff und Entwicklung des Rechtsstaates, in: *Dombois-Wilkens*, S. 80 ff.; zur weiteren Entwicklung: M. *Heckel*, Summum ius summa iniuria als Problem reformatorischen Kirchenrechts, in: Summum Ius-Summa Iniuria, S. 240 ff.

[3] J. *Lindeboom*, Erasmus' Bedeutung für die Entwicklung des geistigen Lebens in den Niederlanden, Archiv für Reformationsgeschichte, XLIII, 1952, S. 2.

[4] Hierzu grundlegend Karl *Barth*, Rechtfertigung und Recht; Erik *Wolf*, Rechtsgedanke und biblische Weisung.

auf die Frage nach dem Wert und der Bedeutung des *Naturrechts* bei Erasmus.

Das staatliche Handeln steht unter den Lehren des Evangeliums und nicht unter dem Zwang staatlicher Notwendigkeit. Sein vernichtendes Urteil über die neue, von *Machiavell* inaugurierte Staatsraison hat Erasmus in der ihm zugeschriebenen anonymen Schrift „Julius Exclusus"[5] gefällt. Die Politik dieses Renaissancepapstes ist für Erasmus eine Unzahl von politischen Ungerechtigkeiten und ein deutliches Beispiel für eine Gesinnung und ein Handeln, das die über der menschlichen Ordnung mit den Lehren des Evangeliums stehende göttliche Ordnung mißachtet[6]. Als Grundproblem der erasmischen respublica christiana durchzieht das Denken um Gerechtigkeit im Staat vor allem die Institutio[7] und die Ratio[8].

In der Institutio schreibt Erasmus, es sei kein Gesetz, wenn es nicht gerecht und billig sei[9]. Gesetz sei ebenfalls nicht, was dem Fürsten gerade beliebe, sondern nur, was tugendsam und sittlich gut (honestum) und dem Staatswesen gemäß sei[10]. Eine bedingungslosere Forderung nach gesetzlicher Gerechtigkeit und Sittlich-Gutem läßt sich kaum vorstellen, als daß die Gesetze dem Urbild des Gerechten und Sittlich-Guten entsprechen sollten[11]. Was den Armen und Schwachen an Schutz durch Schicksalsfügungen in geringerem Maße gewährt ist, das soll durch die Humanität der Gesetze ausgeglichen werden[12]. Das aequum und honestum ist nicht nur für die Gesetze selber, sondern auch für jedes Handeln der Obrigkeit, das den Bürger berührt, höchster Maßstab: Sowohl bei der Änderung und Beseitigung von Gesetzen[13] als auch für die Beurteilung menschlicher Handlungen im Strafverfahren[14], wo insbesondere die Gerechtigkeit und nicht eine verfehlte fürstliche Rachelust die staatliche Strafe tragen muß[15].

---

[5] Die Schrift ist wegen ihres weiterhin ungeklärten Ursprungs in dieser Arbeit nicht benutzt worden. Einzelheiten zum Julius-Dialog und seinem zweifelhaften Ursprung bei C. *Stange*, S. 1 ff.

[6] Vgl. besonders LB. IV, 610 B; 638 A ff.

[7] LB. IV, 595—602 (6. Kapitel).

[8] Ratio verae Theologiae (1519), abgedruckt bei H. *Holborn*, S. 175—305.

[9] LB. IV, 595 D ff.: . . . ne lex quidem erit, . . . ni iusta sit, ni aequa. G. *Kisch*, S. 115, übersetzt aequa mit unparteiisch wohl in der auf S. 118 geäußerten Überzeugung, von der Idee der Billigkeit finde sich bei Erasmus keine Spur.

[10] LB. IV, 595 D.

[11] LB. IV, 595 D: leges autem ad archetypum aequi et honesti respondent.

[12] LB. IV, 598 F: Quod igitur in fortunae praesidiis diminutum est, id legum exaequet humanitas. Übersetzung nach G. *Kisch*, S. 116; zum Begriff humanitas legum s. weiter unten.

[13] LB. IV, 599 C — 600 B.

[14] LB. IV, 598 F.

[15] LB. IV, 600 D.

Die päpstliche und kaiserliche Gesetzgebung unterzieht Erasmus aus der Sicht der Gerechtigkeit einer kritischen Betrachtung vor allem in der Ratio[16]:

„Wenn die Päpste Bestimmungen über Zehnten, den Kauf des Palliums, über die Annaten, über das Erbe Petri erlassen, das mit Waffengewalt zu behaupten sei, über den Krieg gegen die Türken und viele andere Dinge, so kann niemand behaupten, daß sie sich auf einem Gebiet bewegen, welches der himmlischen Philosophie eigentümlich ist, wenn man auch zugeben muß, daß sie damit etwas zum allgemeinen Leben Notwendiges oder jedenfalls Nützliches behandeln. Dabei weiß ich nicht, ob die Päpste ihre Gesetze, die sie für das gewöhnliche Menschenleben aufstellen, so gestalten können, daß sie in allem den Geboten Christi entsprechen. Die Päpste, selbst Menschen, schreiben schwachen Menschen ja nach dem Gebot der Zeit vor, was nützlich zu sein scheint. Darum ist es unmöglich, daß nicht auch in ihren Erlassen gewisse Dinge vorkommen, die menschlichen Leidenschaften entsprechen und bei denen man die Reinheit Christi vermißt. Wie nun der unterste Teil des Feuers klarer ist als der oberste Teil der Luft, so ist es auch natürlich, daß, was vom Inhalt der Konstitutionen der Päpste am gröbsten ist, doch näher an die Lauterkeit Christi herankommt, als das, was in den Gesetzen der Kaiser oder der Magistrate am göttlichsten erscheint. Denn da diese es mit Dingen zu tun haben, die mit dem niedrigsten Abschaum und den schmutzigsten Geschäften der Welt verbunden sind, müssen sie ihrem Stoffe entsprechen. Ihre Gesetze bewirken nicht, daß wir gut sind, sondern nur weniger schlecht. Darum, wenn von ihnen etwas getan oder bestimmt wird, muß man sich ja hüten, die reinste Quelle der christlichen Philosophie mit den irgendwie beschaffenen Schmutzlachen zu vermischen. Die menschlichen Gesetze müssen von jenem Vorbild genommen werden. Von diesem Licht stammen die Funken der menschlichen Gesetze, aber der Glanz der ewigen Wahrheit spiegelt sich anders in einem glatten blanken Spiegel, anders im Eisen, anders in einer klaren Quelle, anders in einem schmutzigen Tümpel. Das ist deswegen gesagt, daß wir nicht die himmlische Philosopie Christi durch die Gesetze oder Verordnungen der Menschen verunreinigen. Unverrückt möge jener Mittelpunkt bleiben, rein jene einzige Quelle, erhalten bleiben möge jener wahrhaft heilige Anker der evangelischen Lehre, zu dem man in einem solchen Dunkel der menschlichen Verhältnisse seine Zuflucht nehmen darf. Wenn jedoch die Lehren Christi nach den menschlichen Gesetzen verzerrt werden, was bleibt dann noch für eine Hoffnung?"

Erasmus stellt sich also das göttliche Recht, wie es sich in den Geboten Christi und der evangelischen Lehre zeigt, als Vorbild vor die menschlichen Gesetze, zugleich als Leitstern, Maßstab und Auslegungsregel des irdischen Rechts[17]. Es steht damit der Wille Gottes,

---

[16] LB. V, 89 A ff. (*Holborn*, S. 201 ff.). Die wichtigsten Stellen der Ratio sind bei G. *Kisch*, S. 128 ff., übersetzt. Diese Übersetzung liegt dem Folgenden zugrunde.

[17] Wird der Sinn des Gesetzes erforscht, so ist die Regel zu beachten, daß er der christlichen Lehre, dem Leben Christi und der natürlichen Gerechtigkeit entspreche. Ratio *Holborn*, S. 286: In his haec quoque servanda regula, ut sensus . . . respondeat ad orbem illum doctrinae Christianae, respondeat ad illius vitam, denique respondeat ad aequitem naturalem.

das göttliche Recht, als das reine Naturrecht über dem Staate[18]. Dieses Recht muß durch die irdischen Gesetze verwirklicht und zur Geltung gebracht werden.

Im Fischgericht[19] zeigt uns Erasmus den Unterschied zwischen göttlichen und menschlichen Gesetzen, zwischen Naturrecht und positivem Recht. Dort führt er aus[20]:

„In der babylonischen Gefangenschaft wurde vieles von den Juden außer acht gelassen, was das Gesetz befohlen hatte. Deshalb betrachte ich das als Gesetz, was die Natur auch befiehlt und was darum ewig und unverletzlich ist. Man sollte es für bindender halten als jenes, das nicht von Anbeginn war und späterhin abgeschafft werden mußte."

Funktion und Bedeutung des Naturrechts werden etwas später in derselben Schrift weiter vertieft[21]:

„Die göttlichen Gesetze sind unwandelbar außer jenen, die zeitweilig zur Belehrung oder Verhütung gegeben scheinen . . . Unter den menschlichen Gesetzen entstehen bisweilen ungerechte, törichte und merkwürdige, weshalb sie durch obrigkeitliche Macht oder durch einstimmige Ablehnung beim Volke außer Kraft gesetzt werden. So etwas gibt es bei den Gottesgesetzen nicht. Deswegen weicht das menschliche Gesetz von selbst, wenn der Grund des Gesetzes entfällt . . . Überdies hat eine Menschensatzung nur Gesetzeskraft, wenn sie mit Übereinstimmung der Nutznießer zustande gekommen ist. Das göttliche Gesetz bedarf keiner Zustimmung und kann nicht außer Kraft gesetzt werden. Als Moses das Gesetz verkünden wollte, verlangte er die Abstimmung des Volkes nicht, weil das notwendig gewesen wäre, sondern um das Volk stärker zu binden."

Das Wesen des Naturrechts und seine Unterschiede zum menschlichen Recht ergeben sich also aus der übergeordneten Stellung des Naturrechts als Inbegriff des göttlichen Rechts. Zugleich ergibt sich die Stellung des Naturrechts aus der Dreiteilung, die Erasmus vornimmt, wenn er vom Gesetz der Natur (lex naturae), vom Gesetz der Werke (lex operum) und dem Gesetz des Glaubens (lex fidei) spricht. Das Gesetz der Natur ist in diesem Zusammenhang für Erasmus jenes Gesetz, das besagt, daß es ungerecht ist, wenn jemand einem anderen antut, was er selbst nicht erleiden möchte[22]. Diese

---

[18] F. *Geldner*, S. 93; G. *Kisch*, S. 130.
[19] Colloquia familiaria, LB. I, 787—810.
[20] LB. I, 791 E, Übersetzung nach A. *Gail*, S. 345; vgl. auch H. *Schiel*, S. 557.
[21] LB. I, 799 E—F, Übersetzung nach A. *Gail*, S. 376.
[22] De libero arbitrio LB. IX, 1222 A, B; Übersetzung *Schumacher*, S. 26 ff.; H. *Welzel*, S. 55, Anm. 22, weist nach, daß bereits Augustin den Inhalt der lex naturalis auf dieses alte Sprichwort zurückgeführt hat, das bis in das neuzeitliche Naturrecht als oberstes Prinzip des Naturrechts angeführt worden sei. Erasmus fährt fort: „Das Gesetz der Werke aber erteilt Befehle und droht Strafen an . . . Das Gesetz des Glaubens, das zwar noch schwierigere Gebote gibt als das Gesetz der Werke, macht dennoch, wenn die Gnadenfülle hinzukommt, das an sich Unmögliche sogar angenehm . . ."

Dreiteilung der Gesetze erinnert an die von der Stoa übernommene Dreiteilung des Rechts in lex aeterna, lex naturalis und lex temporalis, wie sie sich, im christlichen Geiste verstanden, in der mittelalterlichen Naturrechtsphilosophie, besonders bei *Augustin* und *Thomas von Aquin*, findet, wenn auch die Dreiteilung bei Erasmus sich nicht mit der des *Augustin* oder des *Thomas von Aquin* deckt.

Dieses Naturrecht bei Erasmus ist einerseits frühchristlich-voluntaristisches Naturrecht, weil Gott nicht nur sittlicher Ratgeber der Menschen wie noch im Griechentum ist, sondern der Gott der Bibel als Schöpfer der Welt und Gesetzgeber der Menschen, dessen Gerechtigkeit „in keinen ideellen Wesenheiten, sondern allein in der grundlosen, jeder Wesenseinsicht entzogenen Entscheidung des göttlichen Willens" begründet liegt[23].

Andererseits ist das Naturrecht, wie Erasmus es sieht, zugleich von der platonischen Ideenlehre durchdrungen. Platos Höhlengleichnis[24] als Beispiel hierfür findet sich auch in der Institutio. Gott ist zugleich ein Gott der antiken Ratio[25] und das Naturrecht Vernunftsrecht. So findet sich, wie bereits bei Augustin, das Naturrecht zugleich als eine Verlagerung der platonischen Ideen in den Geist Gottes[26]. Doch stehen beide Strömungen, die christlich-voluntaristische und antik-idealistische, nebeneinander, ohne daß Erasmus sich hier, wo es das Wesen des Naturrechts betrifft, an diesem Gegensatz, der das ganze Mittelalter bewegt hatte, ereifert hätte. Erasmus war kein philosophischer Kopf[27] und erst recht kein Scholastiker. So ist es nicht verwunderlich, daß für Erasmus in seinem Verständnis des Naturrechts als göttliches Recht, das durch die Gesetze der Menschen zur Geltung gebracht werden soll, beide Möglichkeiten der Naturrechtsdefinition friedlich nebeneinander bestehen: ratio divina vel voluntas Dei, Vernunft oder Wille Gottes[28].

Ging es bisher um die Bedeutung des Naturrechts und seine Verwirklichung im Staat und damit um die Gerechtigkeit der menschlichen Gesetze, so ist nunmehr zu erörtern, wie bei allgemeiner Ge-

---

[23] H. *Welzel*, S. 51.

[24] LB. IV, 565 B.

[25] LB. IV, 570 B: Gott regiert die Welt mit Vernunft.

[26] Formulierung nach H. *Welzel*, S. 97.

[27] J. *Huizinga*, Erasmus, S. 95.

[28] Diese Verbindung antiken und christlichen Denkens im Naturrecht ist in ihrer natürlichen und unscholastischen Art durchaus „humanistisch", andererseits aber auch nichts völlig Neues, deckt sie sich doch in vieler Hinsicht mit Ansichten *Augustins*, insbesondere mit seiner vom Neuplatonismus übernommenen Ideenlehre in das Naturrecht; Nachweise bei H. *Welzel*, S. 52—56.

rechtigkeit der Gesetze die Billigkeit als die Gerechtigkeit des Einzelfalles verwirklicht werden kann.

Wie die Gnade die Aufgabe hat, das geltende Recht gegenüber der Rechtskraft eines Fehlurteils zur Geltung zu bringen[29], so ist es das Wesen und der Sinn der Billigkeit, im Einzelfall gegenüber der erstarrten Gerechtigkeit ein eigenes Gesetz zu suchen, während die Gerechtigkeit den Einzelfall unter dem Gesichtspunkt der allgemeinen Norm sieht[30]. Gerechtigkeit und Billigkeit sind nicht verschiedene Werte, sondern verschiedene Wege, zu dem einheitlichen Rechtswert zu gelangen[31].

Ausgangspunkt für die entsprechenden Überlegungen ist für Erasmus die alte Sentenz summum ius summa iniuria. Er hat sie in die Adagia aufgenommen und daselbst erläutert[32]. Leider ist die Erläuterung, wie bereits *Guido Kisch* zutreffend festgestellt hat[33], für die rechtsgeschichtliche Betrachtung des Billigkeitsbegriffes wenig ergiebig. Summum ius summa iniuria, das bedeutet für Erasmus, daß man sich um so mehr von der Gerechtigkeit entfernt, je abergläubischer man am Buchstaben des Gesetzes hängt. Dann nämlich spricht man, so fährt Erasmus fort, von summum ius, wenn man über Gesetzesworte streitet, ohne darauf Rücksicht zu nehmen, was derjenige gedacht hat, der die Gesetze niederschrieb. Denn die Worte und Buchstaben sind gleichsam die oberste Haut der Gesetze... Bei allen Dingen, am meisten aber im Recht, muß auf die Gerechtigkeit (aequitas) geachtet werden[34] [35]. Es stellt sich hier die Frage, ob der von Erasmus in diesem Zusammenhang wiederholt gebrauchte Begriff der aequitas wirklich mit Gerechtigkeit und nicht etwa mit Billigkeit zu übersetzen ist. Die Frage ist mit *Kisch*[36] im Sinne der Übersetzung mit Gerechtigkeit zu bejahen. Erasmus will das Gesetz nach dem Willen des Gesetzgebers angewandt wissen. Dabei geht er von dem von ihm geforderten Idealzustand eines vom Gesetzgeber geschaffenen gerechten Gesetzes aus. Die richtige Ermittlung des Gesetzessinnes bei der Auslegung muß unmittelbar zur aequitas führen. Eine solche aequitas

---

[29] W. *Radbruch*, S. 276, 341.
[30] W. *Radbruch*, S. 127; H. *Henkel*, S. 327.
[31] W. *Radbruch*, a. a. O.
[32] In der Ausgabe vom Jahre 1500 heißt die Parömie noch summum ius summa malicia; vgl. deren Abdruck und Erläuterungen bei G. *Kisch*, S. 57; die endgültige Fassung findet sich unter LB. I, 374 E.
[33] G. *Kisch*, S. 60.
[34] LB. I, 374 E, F.
[35] Erasmus hat sich bei der Erläuterung auf antike Quellen gestützt; G. *Kisch*, S. 63 ff., hat die Zusammenhänge, namentlich zu Aristoteles und Cicero, im einzelnen nachgewiesen.
[36] G. *Kisch*, S. 63.

ist Gerechtigkeit als sachliche Gerechtigkeit, nicht Billigkeit, wenn man, wie wir, Billigkeit funktional versteht als Korrektur und Ergänzung des positiven Rechts im Einzelfall[37]. Dieser Billigkeitsbegriff aber setzt die Unterscheidung von ius strictum und ius aequum voraus, wie sie Erasmus fremd war[38]. An Billigkeit als Interpretationsziel, als Ausgleich erstarrter Gerechtigkeit im Einzelfall, hat Erasmus nicht gedacht[39].

Zu diesem Ergebnis kommt man nicht nur aufgrund der angeführten Erläuterungen zu summum ius summa iniuria, sondern auch aufgrund paralleler Ausführungen in der Institutio. Die wiederholte Verwendung von aequum und honestum als Forderung an die Qualität der Gesetze[40] ist nichts anderes als die Forderung nach gerechten und sittlichguten Gesetzen, einer allgemeinen Gerechtigkeit, die sich mit der in der Adagia festgestellten Gerechtigkeit deckt. Auch hier dürfte *Plato* für Erasmus Vorbild gewesen sein. Das aequum et honestum stimmt, wie *Kisch*[41] nachgewiesen hat, mit *Platos*[42] Formel kalôn kai dikaion überein, dem Gerechten und Ehrenhaften[43]. „Von der Idee der Billigkeit und von dem aristotelischen Epieikeiabegriff, der das Versagen einer zu allgemein gefaßten Norm im Einzelfall voraussetzt, findet sich ... keine Spur. Insbesondere sind die geforderte Korrektur antiquierter oder dem Mißbrauch verfallener Gesetze und die dem Fürsten empfohlene milde Handhabung der Gesetze[44] nicht aus jener Quelle abzuleiten[45]." Dem ist zuzustimmen[46]. Aequitas als Methode der Rechtsfindung ist Erasmus fremd.

Dieses im ersten Augenblick erstaunlich anmutende Ergebnis ist bei näherer historischer Betrachtung indessen weder unbegründet noch, wie *Kisch*[47] meint, ein Mangel denkerischer Originalität, sondern fügt

---

[37] In dieser Form geht die aequitas als epieikeia bis auf die nikomachische Ethik des *Aristoteles* und die griechische Stoa zurück. Dazu näher: E. *Wohlhaupter*, Aequitas canonica, passim.

[38] G. *Kisch*, S. 66, unter Hinweis auf die Untersuchungen von F. *Pringsheim*, ius aequum, S. 643 ff.

[39] Übereinstimmend G. *Kisch*, S. 63.

[40] Vgl. LB. IV, 595 D—F, 598 F und passim im gesamten Kap. VI (595 D—602 B) der Institutio.

[41] G. *Kisch*, S. 118.

[42] Nachweise bei *Plato* bringt G. *Kisch*, S. 118, Anm. 20.

[43] Vgl. dazu F. *Pringsheim*, Bonum et aequum, S. 86 ff.

[44] LB. IV, 599 B.

[45] G. *Kisch*, S. 118.

[46] Jedoch mit der Einschränkung, daß für Erasmus die Gesetze so geschaffen sein sollen, daß in ihnen zugleich Einzelfallgerechtigkeit verankert sein soll; das ergibt sich nicht zuletzt aus dem Nebeneinander von lex iusta und lex aequa in dem in Anm. 9 angeführten Satz des Erasmus.

[47] G. *Kisch*, S. 68.

sich vollkommen in das allgemeine Staats- und Rechtsdenken des Erasmus ein.

Zuerst ist zu beachten, daß für Erasmus zur allgemeinen Gerechtigkeit der Gesetze, zur aequitas legum, die humanitas legum hinzutreten muß[48]. Die humanitas legum hat mit der hier erörterten Billigkeit nichts gemein. Mit humanitas legum ist die gesetzliche Durchführung jenes geistigen Programms gemeint, das *Rudolf Pfeiffer* als *humanitas erasmiana* bezeichnet hat. Dieses Programm erschöpft sich nicht, wie *Kisch*[49] meint, in der Verwirklichung des Humanitätsgedankens als Ausdruck der freien Entfaltung des menschlichen Geistes. Hier geht es um mehr. Humanitas umfaßt bei Erasmus Freiheit, namentlich als innere Freiheit im christlichen Sinn, sowie Menschenwürde. Mit dem umfassenden Begriff der humanitas erhält der antike Menschlichkeitsbegriff bei Erasmus seine Krönung in der Offenbarung des Evangeliums. „Gleichzeitig wird damit die antike Auffassung von Menschentum und Menschenwürde wiederhergestellt und lebt die Forderung nach innerer Freiheit wieder auf, die auf der freien Entschließung und dem freien Handeln beruht[50]." Hinter dem Begriff der humanitas verbirgt sich das gesamte Programm der philosophia christiana des Erasmus[51]. Deshalb ist es auch so schwer, den inhaltlichen Umfang der humanitas legum genau zu umschreiben. Hier mag die Feststellung genügen, daß Freiheit und Menschenwürde zu den wesentlichen Zügen dieses Programms gehören[52]. Wer aber an die Qualität der Gesetze so hohe Anforderungen stellt, dem mag vielleicht der Gedanke fernliegen, daß die allgemeine Gerechtigkeit im Einzelfall versagen könnte und der Korrektur durch die Billigkeit bedarf.

Die Vernachlässigung des Billigkeitsgedankens bei Erasmus ist ferner historisch zu erklären.

Aequitas und misericordia als Empfehlungen an den Richter, im sozialen Spannungsverhältnis den wirtschaftlich Schwachen unter Umständen auch contra legem zu begünstigen, hatten das gesamte

---

[48] LB. IV, 598 E . . . quod igitur in fortunae praesidiis diminutum est, id legum exaequet humanitas . . .

[49] G. *Kisch*, S. 119, anders die auf S. 122 bei Kisch angeführten zutreffenden Ausführungen Walther *Köhlers*.

[50] R. *Newald*, Humanismus, S. 15.

[51] Vgl. hierzu neben der bereits genannten Schrift Rudolf *Pfeiffers* vor allem Walther *Köhler*, Erasmus von Rotterdam als religiöse Persönlichkeit, S. 216 f.; es bedürfte näherer Untersuchungen, die humanitas legum bei Erasmus abzugrenzen von der durchaus verschiedenen humanitas der Stoa, vgl. F. *Elsener*, S. 169 f.

[52] So auch R. *Newald*, Humanismus, S. 250.

christliche Recht seit der Spätantike stark ergriffen[53]. Im 13. und
14. Jahrhundert, namentlich unter der Rechtsschule von Bologna,
machte sich eine Gegenbewegung bemerkbar, die alsbald den Geist
der Milde durch einen Geist der Strenge, die aequitas durch den rigor
iuris ablöste. Die scholastische Begriffsjurisprudenz in ihrem betonten
Positivismus konnte zur aequitas wegen ihrer schweren Bestimmbar-
keit und der sich daraus ergebenden Unsicherheit kein rechtes Verhältnis finden[54]. Die italienischen und französischen Rechtsschulen
lehnten die aequitas schlechthin ab. So will *Azo* um die Mitte des
13. Jahrhunderts eine aequitas nur noch insoweit zulassen, als ein
entsprechender Vorbehalt in den Rechtsquellen zu finden ist. Für
ihn ist aequitas nur noch denkbar als *aequitas scripta*, nicht mehr als
aequitas ex corde[55]. Zwei Jahrhunderte später führte der Kanonist
Panormitanus diese Gedanken fort, indem er ausführte, da könne
nicht mehr von Billigkeit die Rede sein, wo man vom Gesetz abweiche:
bei Mißachtung der klaren Norm[56]. Diese Verdrängung des Billigkeitsgedankens, seine Beschränkungen auf die aequitas scripta, wurde
auch durch das Wirken der sog. Juristenpäpste bis ins 14. Jahrhundert
gefördert[57].

So wurde Erasmus in einer Zeit geboren, in der die aequitas
scripta und der rigor iuris die aequitas ex corde längst abgelöst
hatten. Erasmus hat sich dieser Entwicklung nicht entzogen. Seine
Aequitas-Lehre richtet sich in gleicher Weise wie die von ihm so
gehaßte Scholastik gegen jegliche aequitas ex corde. Seine „Billigkeit"
ist im Gesetz verankerte und verwirklichte Gerechtigkeit und insoweit
auch aequitas scripta.

Das Aequitasdenken des Erasmus fügt sich auf diese Weise in die
historische Entwicklung zu dieser Frage im hohen und späten Mittelalter ein. Allerdings kommt Erasmus zu seiner Auffassung von der
aequitas nicht durch Anlehnung an die Glossatoren und Kirchen-
juristen der Scholastik, denen er kaum Interesse entgegenbrachte.
Das gemeinsame Ergebnis einer Ablehnung der aequitas ex corde
dürfte mehr zufällig sein. Kam die Scholastik zu ihrem Ergebnis
aufgrund ihrer positivistischen Gesetzesauffassung und einer schließlich in der Logik des *Aristoteles*[58] wurzelnden Begriffsjurisprudenz,

---

[53] Vgl. F. *Elsener*, S. 177 f.
[54] F. *Elsener*, S. 187.
[55] *Azo* schrieb, zitiert nach: F. *Elsener*, S. 184: loquor autem de aequitate
vel iustitia scripta, non de ea, quam quis „ex corde" suo inveniat. Hierzu
näher E. *Wohlhaupter*, S. 55 ff.
[56] Nach E. *Wohlhaupter*, S. 71; F. *Elsener*, S. 185.
[57] F. *Elsener*, S. 187.
[58] Gleicher Meinung G. *Kisch*, S. 66 f., wenn er über die Stellung des aristotelischen Denkens bei Erasmus schreibt: „Von Aristoteles' Erörterungen über

so läßt sich der Gedankengang des Erasmus letztlich auf seine christliche Philosophie zurückführen. Die christliche tranquillitas[59] und sein Friedensstreben verbieten ihm jene Unruhe und Unsicherheit, die notwendigerweise eine aequitas ex corde mit sich bringt, wenn jeweils erst im Einzelfall entschieden wird, ob man sich aus jener dem einsamen richterlichen Gewissen entnommenen Billigkeit über die Norm hinwegsetzen soll. Das Denken des Erasmus über aequitas, über Gesetz und Recht, ist daher ein harmonischer Bestandteil seines allgemeinen Denkens über Staat und Recht und verdient aus der Sicht des erasmischen Zeitalters keinen Vorwurf[60].

2. Widerstandsrecht und Grenzen der Staatsgewalt

An das soeben geschilderte Denken des Erasmus über Gerechtigkeit und Recht fügt sich sein Denken zum Widerstandsrecht an, wie es sich ergibt aus seiner Sicht der Antinomie von Freiheit und Notwendigkeit, Autorität und Freiheit, Evangelium und Zwangsgewalt. Wir haben gesehen, welche Bedeutung dem Freiheitsbegriff bei Erasmus zukommt[61]. Man geht jedoch fehl, würde man aus diesem Freiheitsbegriff des Erasmus unmittelbar ein Widerstandsrecht gegen die Obrigkeit, sei sie kirchlicher, sei sie weltlicher Natur, herleiten. Die Freiheit bei Erasmus ist wesentlich innere Freiheit, verstanden im Geiste der Renaissancephilosophie als Freiheit vom Dogma und als Herrschaft der Vernunft[62].

Ganz anders dagegen lernen wir Erasmus dort kennen, wo es um die rechtliche und politische Freiheit gegenüber der weltlichen

---

Epieikeia mögen Erasmus — wenn sie ihm in diesem Zusammenhang überhaupt vorgeschwebt haben — nur die Äußerungen beeindruckt haben, die mit seiner eigenen, in der dargestellten Weise gewonnenen Auffassung im Einklang standen. Der funktionale Aspekt der Aequitas zur Korrektur und Ergänzung des positiven Rechts hat sich ihm nicht eröffnet."

[59] Nach R. *Pfeiffer*, S. 14, ist für Erasmus eine der Aufgaben des Menschen die Herstellung der tranquillitas Christi.

[60] Wie bei G. *Kisch*, S. 68, der meint, Erasmus sei dem Problem der Aequitas nicht gerecht geworden. Demgegenüber ist festzustellen, daß die Einstellung des Erasmus nicht zuletzt zu verstehen ist aus seiner von Kriegen erschütterten Epoche und seiner großen Sehnsucht nach Ruhe und Frieden auch im Recht.

[61] s. o. sub II 1 und 2.

[62] So sagt Erasmus: Man kann kein Regent sein, wenn einen nicht die Vernunft leitet, d. h., daß man in allen Dingen dem Rat und Urteil der Vernunft folgt (LB. IV, 583 C); die Gesetze sollen dazu dienen, die Menschen vom Sündigen durch Vernunft, nicht durch Strafen abzuschrecken (LB. IV, 596 E und öfter); zum Freiheitsbegriff und seinem Verhältnis zur Vernunft im italienischen Humanismus seit Lorenzo *Valla* s. E. *Cassirer*, Individuum und Kosmos, S. 82—112.

Obrigkeit geht. In den Colloquia, der Fundgrube für die hier erörterten Fragen, schreibt Erasmus, die Freiheit des Christenmenschen
sei nicht dazu da, daß er tun könne, was er wolle, ohne an Menschen-
satzungen gebunden zu sein[63]. Vielmehr solle das geistliche Feuer
ihn zu allem antreiben, und er solle das Angeordnete gern und
freudig verrichten. In einem so verstandenen Freiheitsbegriff deutet
sich bereits die Einstellung des Erasmus zum Widerstandsrecht an,
eine Einstellung, die, wie sogleich aufzuzeigen ist, einerseits historisch,
andererseits als integraler Bestandteil seiner Philosophia christiana
zu erklären ist.

Vor allem im Fischgericht und im geistlichen Mahl befaßt sich
Erasmus mit dem Problem des Widerstandsrechts. Dazu führt er
unter anderem aus: „Man sollte die behördlichen Anordnungen mit
Ehrfurcht annehmen und sorgsam beachten, als kämen sie von Gott.
Ich halte es weder für ratsam noch für fromm, die staatliche Gesetzgebung anzugreifen oder Argwohn auszustreuen. Solange nicht
Tyrannei zu befürchten ist, die geradezu die Religion gefährdet, sollte
man lieber geduldig ausharren, als einen aufrührerischen Widerstand
zu erregen[64]." An anderer Stelle[65] finden wir im Fischgericht auf
die Frage des Fischhändlers, ob denn jede Bestimmung der Bischöfe
und Behörden bindende Kraft habe, die Antwort: „Sie muß allerdings
billig, gerecht und rechtmäßig erlassen sein. Darüber sitzt der
Gesetzgeber selbst zu Gericht. Wer ein Gesetz erläßt, muß es auch
auslegen. Mithin muß man unterschiedslos allen Satzungen gehorchen[66]." Später hören wir: „Auch offenbar anstößigen bischöflichen
Verordnungen ist Folge zu leisten. Doch soll man, ohne Aufruhr zu
erregen, auf jeden Fall eine solche Anordnung kritisieren[67]." Im geistlichen Mahl (convivium religiosum) werden diese Ansichten näher
begründet. Gemeine Sterbliche mögen durch Mahnungen, Kritik,
Gesetze und Drohungen gelenkt werden, der Sinn eines Königs
verhärte sich nur gegen Widerspruch, weil er niemanden zu fürchten
brauche. Je heftiger Politiker ein bestimmtes Ziel verfolgen, um so

---

[63] LB. I, 800 C; H. *Schiel*, S. 588; A. *Gail*, S. 378; vgl. dazu die spätere Formulierung bei *Montesquieu*, Buch XI, Kap. 3 . . . la liberté ne peut consister
qu'à pouvoir faire ce que l'on doit vouloir . . . La liberté est le droit de faire
tout ce que les lois permettent.

[64] LB. I, 800 B; H. *Schiel*, S. 587; A. *Gail*, S. 377.

[65] LB. I, 798 E; H. *Schiel*, S. 582; A. *Gail*, S. 372.

[66] Hierzu steht es im Widerspruch, wenn Erasmus an anderer Stelle (LB. IV,
595 D) schreibt, es sei kein Gesetz, wenn es nicht gerecht und sittlich gut sei,
da in diesem Fall der Gehorsam entfällt.

[67] LB. I, 800 B; H. *Schiel*, S. 587; A. *Gail*, S. 377; H. *Schiel*, a. a. O., übersetzt:
Aber inzwischen muß man sich gegen das unbillige Gesetz auflehnen, ohne
Rebellion natürlich.

mehr müsse man sie sich selbst überlassen, nicht, weil sie etwa immer
das Beste im Auge hätten, sondern weil Gott ihre Torheit und Bosheit
gebrauche, um die Abtrünnigen zu bessern[68]. Das heiße nicht, daß
die Könige nicht gewaltige Übeltaten gegen das Volk begingen, sondern
daß es keinen Menschen gebe, der über sie zu Gericht sitzen dürfe.
Dem Gericht Gottes könne kein noch so Mächtiger entrinnen.

Es entstehe geringerer Schaden, wenn man mit dem Strom schwimme,
als beim Versuch, dagegen anzukommen[69] [70]. Warum auch offenbar
unbilligen Anordnungen Folge zu leisten sei, führt Erasmus in der
Erkenntnis, daß man nicht ohne weiteres die Bergpredigt zum Gesetz
des öffentlichen Lebens machen, Recht und Gerechtigkeit nach ihr
gestalten kann, näher in der Ratio aus. Die Fürsten und weltlichen
Behörden müßten einiges tun, was nicht der reinsten Christlichkeit
entspreche, was man aber dennoch nicht verurteilen dürfe, weil es
für die Erhaltung der Ordnung unentbehrlich sei. Auch diesen Anordnungen gebühre Ehre, weil sie irgendwie der göttlichen Gerechtigkeit und öffentlichen Sicherheit dienten[71]. Sie täten damit etwas zum
allgemeinen Leben Notwendiges oder jedenfalls Nützliches. Es sei
möglich, daß sogar in den päpstlichen Erlassen gewisse Dinge vor-
kämen, die menschlichen Leidenschaften entsprächen und bei denen
man die Reinheit Christi vermisse[72].

In dieser Widerstandslehre des Erasmus spiegelt sich deutlich jene
Lehre des frühen Christentums, die aufgrund der Heiligen Schrift[73]
das Widerstandsrecht auf ein passives Widerstandsrecht beschränkte,

---

[68] Hierfür bringt Erasmus mehrere Nachweise aus der Heiligen Schrift. So
habe etwa nach Hiob 34 Gott einen heuchlerischen Menschen zur Herrschaft
berufen wegen der Sünden des Volkes (LB. I, 677 D f.; A. *Gail*, S. 616).

[69] LB. I, 677 F, 678 A; A. *Gail*, S. 617; hier handelt es sich um eine bei Erasmus häufig wiederkehrende und für sein Denken typische Wendung.

[70] Auf die Frage des *Thimotheus*, ob es also keine Hilfe gegen die Willkür
schlechter Regenten gebe, sagt Erasmus durch den Mund des *Eusebius*: Man
hätte den Löwen (gemeint ist der willkürlich herrschende Regent) gar nicht
in die staatliche Gemeinschaft aufnehmen sollen, oder aber man müßte seine
Macht durch den Einfluß des Senats, der Beamten und der Bürger derart
einschränken, daß eine Diktatur nicht ohne weiteres entstehen kann. Das
beste wäre es jedenfalls, ihn in der Jugend . . . sorgfältig zu unterweisen und
zu bilden . . . Im schlimmsten Fall mag man immer noch Gott inständig um
eine Sinnesänderung des Regenten zum Christlichen hin bitten (LB. I, 678 A;
H. *Schiel*, S. 348 f.; A. *Gail*, S. 617 f.).

[71] LB. V, 89 C; H. *Holborn*, S. 201 ff.; Übersetzung bei G. *Kisch*, S. 127.

[72] LB. V, 89 B; H. *Holborn*, S. 203; G. *Kisch*, S. 128; dazu schreibt Erasmus
weiterhin, man solle menschliche Gesetze, auch wenn sie nicht mit der christlichen Philosophie zu vereinbaren seien, nicht gleich verwerfen, sondern man
solle prüfen, wer vorschreibe, wem vorgeschrieben werde, zu welcher Zeit
und bei welcher Gelegenheit es geschehe.

[73] Namentlich das Pauluswort: Jedermann sei untertan der Obrigkeit, die
Gewalt über ihn hat. Denn es ist keine Obrigkeit ohne Gott . . . Wer sich nun

in dessen Mittelpunkt der duldende Gehorsam stand[74]. Hierbei
handelte es sich einmal um die Bekundung eines tiefen Sinnes für
die Unentbehrlichkeit einer unbestrittenen Ordnung, zum zweiten
und vor allem aber um die christliche Ergebenheit in Gottes uner-
forschlichen Ratschluß, der sich des Tyrannen als Zuchtrute bedienen
mag[75].

In denselben Bahnen vollzieht sich das Denken des Erasmus zum
Widerstandsrecht. Das Verhältnis des Christen zur unchristlichen
Obrigkeit besteht für Erasmus in der Prüfung, nicht in der Be-
schwörung tragischer Konflikte. In einer Zeit stärkster Radikalisierung
innerhalb des Christentums erschien ihm die Herausforderung der
Gewissensfrage in jedem Falle bedenklich[76] und drohte Ordnung und
Frieden zu gefährden. Der Gedanke, daß es durch einen aktiven
Widerstand gegen die Obrigkeit zu einem allgemeinen Aufruhr, zur
Revolution kommen könnte, ist für Erasmus zumindest genauso ent-
scheidend für die Ablehnung des aktiven Widerstandsrechts wie der
Gesichtspunkt, daß obrigkeitliches Unrecht gottgewolltes Unrecht sein
kann: Das Äußerste, was er für vertretbar hielt, war ein leidender
Widerstand, dessen Kritik an der Obrigkeit die Möglichkeit des Auf-
ruhrs ausschließen mußte. Damit stellt sich Erasmus gegen die mittelalterliche Lehre von der Widerstandspflicht und dem Recht zum
Tyrannenmord. Diese Lehre ist nach *Gierke* und *Wolzendorff*[77] auf
Mannegold von Lautenbach zurückzuführen, der bereits Ende des
11. Jahrhunderts erklärte, daß das Volk sich einem Fürsten, der seine
Pflicht verletze und von der römischen Synode abgesetzt sei, wider-
setzen dürfe. In der Mitte des 12. Jahrhunderts begründete *Johann
von Salisbury*[78] dann die Lehre von der Zulässigkeit des Tyrannenmordes. Diese Lehre wurde durch das gesamte Mittelalter fortgeführt.
Thomas von Aquin machte sie zur herrschenden Lehre[79]. *Marsilius
von Padua*, *Wilhelm von Ockham* und *John Wiclif* waren ihre ex-
poniertesten Vertreter[80]. Für die typisch mittelalterliche, letztlich

---

wider die Obrigkeit setzt, der widerstrebt Gottes Ordnung ... Sie trägt das
Schwert nicht zwecklos, sie ist doch die Gehilfin Gottes, um rächend an denen
seine Strafe zu vollziehen, die Böses tun. So muß man sich ihr also unter-
werfen, nicht allein der Strafe wegen, sondern vielmehr auch des Gewissens
halber, Römer 13, 1—5; s. auch *Titus* 3,1; demgegenüber Apostelgeschichte 5,29.
[74] Vgl. F. *Kern*, S. 175 ff.; J. *Spörl* in: Widerstandsrecht und Grenzen der
Staatsgewalt, S. 12 ff.
[75] H. *Krüger*, S. 946 f.
[76] A. *Gail*, S. 135.
[77] *Gierke* III, S. 565, Anm. 130; K. *Wolzendorff*, S. 8, Anm. 2.
[78] Vgl. K. *Wolzendorff*, S. 8; J. *Spörl*, S. 20; J. *Kern*, S. 200; *Gierke* III,
S. 624 f.
[79] K. *Wolzendorff*, S. 8 f.; die Lehre des Thomas *v. Aquin* ist dargestellt bei
O. *Schilling*, Thomas, S. 103 ff.
[80] Vgl. J. *Spörl*, S. 27, 30 f.; *Gierke* III, S. 565, 624 f.

auf dem ständischen und feudalen Staate fußende Lehre vom Widerstandsrecht war danach jegliche Gehorsamspflicht bedingt durch die Rechtmäßigkeit des Befehls. Einerseits war nach ihr jede Anordnung des Herrschers, welche die Grenzen seiner Rechte überschritt, für die Untertanen unverbindlich, andererseits verkündete sie gegenüber ungerechten und tyrannischen Befehlen das Recht des gewaltsamen und bewaffneten Widerstandes und lehrte die Erlaubtheit oder doch Entschuldbarkeit des Tyrannenmordes[81]. Diese einseitige Widerstandstheorie führte jedoch im Mittelalter durch vielfache Mißbräuche bis zu einer „Verwüstung des Staatsgefühls"[82], so daß sich schon frühzeitig im selben Zeitrhythmus wie die Widerstandslehren gleichsam als natürliche Gegenreaktion diesen gegenüber die Theorie von der irdischen Unverantwortlichkeit des Herrschers entwickelte, wie wir sie bei Erasmus allenthalben vorfinden. Sie nahm die urchristliche Lehre vom duldenden Gehorsam wieder auf. Diese hatte das Seelenheil des einzelnen Untertanen zum Ziel. Die Lehre von der irdischen Unverantwortlichkeit des Herrschers dagegen legte den Nachdruck auf die aller Kritik entrückte Erhabenheit der Staatsgewalt und ihres Trägers. Zwar mußte der Fürst, wenn er selig werden wollte, gerecht und kirchlich sein, da vor Gott keine seiner Taten ungesühnt blieb. Aber die Würde des Staates und das Ordnungsbedürfnis des Gemeinwesens erforderten den Ausschluß von Zwangsmaßregeln gegen einen Herrscher, auch wenn er ungerecht war[83]. Wenn auch die Kirche die Lehre von der irdischen Unverantwortlichkeit des Herrschers mit größtem Nachdruck für lange Zeit bekämpfte[84], so entwickelte sich im Mittelalter aus der Christenpflicht des duldenden Gehorsams und aus den Vorstellungen von der Gottgeweihtheit und Unberührtheit der Herrscherperson eine Lehre, welche alle die gewalttätigen Folgerungen der Tyrannenlehre als unchristlich verwarf[85].

Die Widerstandslehre des Erasmus zeigt sich als eine Fortsetzung dieser Gedanken. Auch Erasmus stützt sich auf die urchristliche Lehre vom duldenden Gehorsam und fügt diese mit der Herrschersouveränität des Fürsten, der plenitudo potestatis, zusammen. Der Fürst ist bei Erasmus auf dem Gebiete des Rechts formell allmächtig[86]. Bezeichnend hierfür ist seine bereits angeführte[87] Äußerung, der Gesetzgeber selber bestimme, ob ein Gesetz billig, gerecht und damit verbindlich

---

[81] *Gierke* III, S. 565.
[82] F. *Kern*, S. 201.
[83] F. *Kern*, S. 203 mit Nachweisen auf S. 201 ff.
[84] F. *Kern*, S. 210.
[85] F. *Kern*, S. 203.
[86] Vgl. zur entsprechenden mittelalterlichen Doktrin *Gierke* III, S. 625 mit Anm. 292.
[87] s. o. S. 90; LB. I, 798 E.

sei. Denn wer ein Gesetz erlasse, müsse es auch auslegen. Daher sei unterschiedslos allen Satzungen zu gehorchen. Daß hier bei Erasmus kein Raum für ein aktives Widerstandsrecht mehr ist, versteht sich von selber.

Hier schließt sich seine Ablehnung des Widerstandsrechts zugleich an seine Auffassung vom Wesen der Aequitas an. Die dargestellte Einschränkung der Aequitas „ex corde" bei Erasmus auf eine gesicherte Aequitas scripta beruht letztlich auf einem nüchternen Zweckmäßigkeits- und Ordnungsdenken, das gegen Rechtsunsicherheit und möglichen Aufruhr gerichtet ist. Die Ablehnung des Widerstandsrechts ist logisch nur unter dieser positivistischen Voraussetzung denkbar; denn eine „Legalisierung" des Widerstandes setzt die Notwendigkeit einer dem einzelnen Gewissen folgenden Auslegung „ex corde" voraus, die Erasmus gerade ablehnt. Die Beschränkung der Aequitas auf eine geschriebene, dem Gesetz zu entnehmende „Billigkeit" und die Ablehnung des Widerstandsrechts ergänzen und bedingen sich daher gegenseitig. So erscheinen uns eine nüchterne Einsicht in die Zweckmäßigkeit der Ordnung einerseits sowie die Überzeugung von der Richtigkeit des duldenden Gehorsams und der Herrschersouveränität andererseits als die Grundlagen für das erasmische Denken über das Widerstandsrecht gegen eine unrechtmäßig handelnde Obrigkeit.

Der Begriff der Herrschersouveränität, wie er der Widerstandslehre des Erasmus zugrunde liegt, ist uns bereits bei der Frage nach der idealen Staatsform begegnet. Erasmus sieht als ideale Staatsform die Monarchie[88]. Diese zeigt sich nunmehr in mancher Hinsicht mit deutlichen absolutistischen Anzeichen. Wenn man auch den Fürsten bei Erasmus nicht in dem Sinn als absolut bezeichnen kann, daß er über dem Gesetz steht, so ist er doch tatsächlich absolut, da er seine Maßnahmen vor keiner irdischen Gewalt zu verantworten hat und den Untertanen jeglicher Widerstand gegen Anordnungen der Obrigkeit sowie Kritik[89] an diesen untersagt ist. Ob bei Erasmus damit bereits, wie *Kern*[90] die allgemeine Entwicklung der Lehre vom duldenden Gehorsam sieht, die urchristliche Gewissenspflicht, jegliche Obrigkeit zu ertragen, zu einem kontrarevolutionären Recht der staatlichen Obrigkeit umgebogen ist, erscheint fraglich. Verschiedene Stellen bei Erasmus sprechen gegen eine solche Auffassung[91].

---

[88] LB. IV, 576 D; s. o. II, 4.

[89] Gegen Kritik: Enchiridion S. 38; ferner LB. IV, 596 E, F und Colloquia (*Gail*) S. 388; für Kritik: LB. I, 800 B.

[90] F. *Kern*, S. 205.

[91] Sie setzt ein solches Maß absolutistischen Denkens voraus, wie es bei Erasmus fehlt. Erasmus sieht ein, daß die reine und uneingeschränkte Monarchie nur bei einem idealen Fürsten wünschenswert ist und daß es in der

Die Widerstandslehre des Erasmus, die nicht zuletzt auch zur Ruhe in der ersten Hälfte des kriegserfüllten 16. Jahrhunderts beitragen sollte, ist ideengeschichtlich und zeitgeschichtlich wohl begründet und keineswegs Liebedienerei für die weltliche Obrigkeit. Die Gedanken, wie sie Erasmus vertreten hat, sind in ähnlicher Weise von *Luther* und dem Luthertum aufgegriffen worden[92]. Zu den späteren Vertretern der das Widerstandsrecht ablehnenden Lehre gehören vor allem *Hugo Grotius*[93], *Christian Wolff*[94], *Christian Thomasius*[95] und *Immanuel Kant*[96]. Zwar ist heute das Problem des Widerstandsrechts umfassender durchdacht als im Mittelalter[97]. Wegen ihres elementaren Charakters als letzte Entscheidung der sittlichen Persönlichkeit entziehen sich diese Fragen indes stets einer rechtlich-rationalen Betrachtung und sind daher heute ebensowenig gelöst wie zur Zeit des Erasmus.

3. Der Friedensgedanke des Erasmus

Das Friedensdenken des Erasmus ist nicht nur ein politischer Aspekt seines Staatsdenkens. Vielmehr steht der Friedensgedanke mit dem Recht bei Erasmus in engstem Zusammenhang. *Otto Brunner*[98] hat festgestellt, daß nichts dem mittelalterlichen Denken vertrauter sei als die Zusammengehörigkeit von pax und iustitia[99]. Friede und Gerechtigkeit umfassen sich, wie es von anderer Seite[100] ausgedrückt worden ist, gegenseitig wie zwei Schwestern. Diese enge Verbindung von Recht und Frieden ist auch in der Gegenwart anerkannt[101].

Praxis einer gemischten Verfassung bedarf (LB. IV, 576 D; vgl. auch LB. I, 678). Unter diesen Umständen von einem kontrarevolutionären Recht des Fürsten zu sprechen, erscheint nicht angemessen. Erasmus hat sich im übrigen, soweit ersichtlich, nicht mit der konkreten Bürgerkriegssituation oder Revolutionslage und dem diesbezüglichen Verhalten des Fürsten befaßt.

[92] Vgl. dazu J. *Heckel*, Lex charitatis; zur Diskussion des Themas in der lutherischen Staatslehre der Gegenwart s. F. K. *Schumann* und E. *Klügel*, in: Macht und Recht, S. 34 ff. und 44 ff.

[93] De iure belli ac pacis, lib. I, cap. 4, § 6.

[94] Institutiones Iuris Naturae et Gentium 1750, § 1233.

[95] Institutiones Iurisprudentiae 1688, lib. III, cap. 6, § 63.

[96] s. *Gierke*, Althusius, S. 207.

[97] Vgl. zum heutigen Stand der Lehre die Referate von Walter *Künneth*, Hermann *Diem*, Alois *Dempf* und Rupert *Angermair* bei *Pfister-Hildmann*, S. 93 ff., 122 ff.

[98] O. *Brunner*, Land und Herrschaft, S. 28.

[99] Grundlegend vor allem die Lehren des Augustin; s. hierzu O. *Schilling*, Augustin, S. 67 ff.; A. *Verdroß*, Rechtsphilosophie, S. 63 ff.

[100] F. A. *v. d. Heydte*, S. 275.

[101] Vgl. K. *Petraschek*, S. 177; A. *Verdroß*, Rechtsphilosophie, S. 250; H. *Krüger*, S. 714 f. mit zahlreichen historischen Nachweisen; H. *Henkel*, S. 110 ff., der zu Recht darauf hinweist, daß die Friedensfunktion des Rechts vor allem im modernen Arbeits- und Wettbewerbsrecht zum Ausdruck kommt.

Erasmus hat sich dieser Bedeutung des Friedens mit außerordent-
lichem Nachdruck zugewandt. Als Friedensdenker ist er von zahlreichen Autoren beschrieben worden. Dabei ist sein Friedensdenken
durchweg entweder als Teil seines politischen Denkens oder als
Bestandteil seines christlichen Humanismus gewürdigt worden, nicht
jedoch aus rechts- und staatsphilosophischer Sicht[102].

Erasmus hat sich über den Frieden vor allem in seinen Schriften
„Querela pacis", „Dulce bellum inexpertis", „Oratio de pace et dis-
cordia" sowie im 11. Kapitel der Institutio verbreitet. Die dort geäußerten Ansichten sind oftmals wiedergegeben und erläutert worden.
Aufgabe dieser Untersuchung ist es nicht, diese Gedanken hier insgesamt nochmals vorzutragen und zum Teil richtigzustellen[103]. Hier
soll das Friedensdenken des Erasmus nur unter zwei Gesichtspunkten
betrachtet werden: Einerseits das Verhältnis von Frieden und Gerechtigkeit, zum anderen der Gedanke des gerechten Krieges.

Der ideale Wert des Friedens beruht für Erasmus auf zwei verschiedenen Quellen, dem Neuen Testament und dem Naturrecht. Der
Friede ist zugleich oberstes Gesetz Gottes und der Natur[104]. Erasmus
beschränkt sich indes nicht auf eine christliche und philosophische
Bekämpfung des Krieges. Verschiedene Motive bedingen seinen Kampf
für den Frieden. Den Kriegen folgen nach der Aussage des Erasmus
Niedergang der allgemeinen Moral, Brudermord, Raub und Plünde-
rung, Elend und Seuchen sowie der Niedergang von Wirtschaft, Handel
und Kultur. Seiner ästhetisch-feinsinnigen, leicht kränklichen Natur
ist jegliche Form von Gewalt, Grausamkeit und Lärm zuwider. Dabei
ist sein Friedensdenken nicht sentimental oder überschwenglich.
Nüchtern bedenkt er die Ursachen und Folgen der fortdauernden
Kriege in Europa. Aus dieser realen Sicht findet sich bei ihm der
Ausgangspunkt, von dem aus er das unversöhnliche Spannungsverhältnis zwischen Krieg und Gerechtigkeit erfaßt. „Die guten
Gesetze ruhen während des Krieges", so schreibt er 1514 an den

---

[102] Als Ausnahme hat lediglich Pierre *Mesnard*, S. 116, 136 ff., den staats-
philosophischen Aspekt deutlicher betont. Im Gegensatz zu ihm kommt
F. *Geldner*, S. 166 ff., über eine lose historische Betrachtung des erasmischen
Friedensstrebens nicht hinaus; weitaus gründlicher die Untersuchungen
H. *Treinens*, S. 158 ff., zu den philosophischen und sozialen Aspekten des
Friedens bei Erasmus.

[103] Es sei verwiesen auf die Übersetzungen und Erläuterungen von Elise
Constantinescu, Rudolf *Liechtenhan*, A. v. *Arx*, F. *Heer*, S. 44 ff., J. *Huizinga*,
S. 135 f., G. *Remy* und R. *Dunil-Marquebreucq*, F. *Geldner*, S. 166 ff., R. H.
Bainton, S. 32 ff., H. *Treinen*, S. 158 ff., R. *Newald*, S. 150 ff., P. *Mesnard*,
S. 102 ff. und Ines *Thuerlemann*.

[104] Darum ist der Krieg unchristlich und unnatürlich, Feind der religiösen
und politischen Gemeinschaft, vgl. hierzu H. *Treinen*, S. 165 ff.

Bischof *Anton von Bergen*[105]. An anderer Stelle heißt es: „Unter den Waffen schweigen die Gesetze[106]." In der Nichtbeachtung der Gesetze sieht er das Grundübel des Krieges. Allein um der gesetzlichen und natürlichen Gerechtigkeit willen muß der Frieden gewahrt sein. Erasmus sieht diesen für ihn so wichtigen Wert gefährdet. Deswegen ist für ihn der Krieg die Geißel des Staates und das Grab der Gerechtigkeit[107]. Doch nicht nur die Verachtung der Gesetze führt zum Niedergang der Gerechtigkeit. In dem Bangen um die Gerechtigkeit gesellt sich bei Erasmus ein nüchterner Grundzug: Ein ganz unsentimentaler Einsatz für die Kleinen und Schwachen, auf deren Rücken die Kriege ausgetragen und denen als ersten die Gerechtigkeit vorenthalten wird[108].

Erasmus hat, wie er sagt[109], im Zeitalter der emporkommenden Nationalstaaten die Ursachen der Kriege wohl durchschaut und ist zu dem Ergebnis gekommen, daß die Kriege seiner Zeit dem egoistischen Machtstreben der Fürsten zu deren Vorteil entsprungen und zum Nachteil des Volkes geführt worden sind, das an diesen Kriegen gar nicht interessiert war. Es gebe Fürsten, die in der Meinung, daß die friedliche Eintracht des Volkes ihre Macht erschüttere, absichtlich Zwietracht durch Kriege hervorrufen, um ihre Macht zu stärken und die Kraft des Volkes zu schwächen[110]. Wie man es auch betrachte, der Krieg liege niemals im öffentlichen Interesse und diene nicht dem gemeinen Besten[111]. Der Fürst solle darum Mitleid mit dem Volke haben und bedenken, daß der Hauptteil der Kriegslast von denen getragen wird, die an dem ganzen Unglück völlig unschuldig sind[112]. So wie der Krieg vor allem die Kleinen und Schwachen im Volke trifft, so gewährt der Frieden eben diesen Menschen die ihnen zukommende Gerechtigkeit. So stehen Frieden und Gerechtigkeit hier in unlösbarem Zusammenhang.

Aber Erasmus ist nicht bei einem absoluten und doktrinären Pazifismus stehengeblieben, war ihm doch bewußt, daß mit dem Frieden nicht nur Gerechtigkeit und insbesondere soziale Gerechtigkeit ver-

---

[105] Brief vom 14. März 1514, Allen I, 551 (Briefe S. 97 ff.).
[106] LB. IV, 639 B, C: silent leges inter arma; Klage des Friedens, S. 75.
[107] Auch R. *Newald*, Humanismus, S. 252, betont die Verknüpfung von Frieden und Gerechtigkeit bei Erasmus.
[108] So F. *Heer*, Einleitung, S. 45.
[109] LB. IV, 634 B, F; Klage des Friedens, S. 49.
[110] LB. IV, 633 D; Klage des Friedens, S. 45.
[111] LB. IV, 609 B.
[112] LB. IV, 609 D. Dieser Gedanke steht vor allem im Mittelpunkt seiner Friedensschrift mit dem vielsagenden Titel „Dulce bellum inexpertis" (Süß ist der Krieg nur für jene, die seine Bitterkeit nicht kennen). LB. II, 951 B bis 970 E.

bunden war. Er sah, wohl in der Ahnung, daß Gerechtigkeit nur dort
bestehen kann, wo ständig um sie gekämpft wird, daß Frieden und
Gerechtigkeit sich dann auch ausschließen können, wenn mit Frieden
Ungerechtigkeit in Kauf genommen werden muß[113]. Vor hier aus
mußte sich für Erasmus die in ihm stets lästig-brennende Frage des
gerechten Krieges stellen.

Für Erasmus sind echtes Christentum und Krieg unvereinbar, besonders, wenn Christen gegen Christen kämpfen[114]. Die Kirche teilte
diese Meinung nicht, sondern folgte der Lehre des *Augustin*, nach der
es dem Fürsten erlaubt war, einen gerechten Krieg zu führen, und die
Untertanen ihm hierbei zum Gehorsam verpflichtet waren. Erasmus
griff diese Lehre scharf an: „Warum wird Christus weniger geachtet
als *Augustin*, der an zwei Stellen den Krieg billigt? Die Lehre Christi
lehrt uns, den Krieg stets zu vermeiden[115]." Doch dann billigt Erasmus
selber unvermittelt und im Widerspruch zu dem soeben Gesagten den
Krieg als ultima ratio[116] und gesteht die Möglichkeit eines gerechten
Krieges ein, wohl in der Erkenntnis, daß es unmöglich von einem Staat
zu verlangen ist, er solle sich selbst opfern, anstatt für seine Selbst-
erhaltung zu sorgen. Die Ansichten des Erasmus zu dieser Frage sind
offensichtlich nicht widerspruchslos. Zuerst wendet er sich gegen
Augustin und die Idee, daß ein Krieg überhaupt gerecht sein kann.
Dann wiederum läßt er die Frage offen. „Wenn ein Krieg überhaupt
gerecht genannt werden kann[117]..." „... wir wollen nicht entscheiden,
ob es einen gerechten Krieg gibt[118]...". Später jedoch zwingt ihn die
Türkenfrage zu einer klaren Stellungnahme. Mit Recht dürfe gegen die
Türken gekämpft werden, um die tranquillitas reipublicae christianae
zu schützen[119]. Hier räumt er also bereits eine Ausnahme zur Verteidigung des christlichen Abendlandes ein: So wie das Evangelium der
Obrigkeit nicht das Recht nehme, zu strafen, ohne dasselbe ausdrücklich
zu bejahen, so müsse man auch dem Fürsten das Kriegsrecht zuge-
stehen[120]. Schließlich aber geht er noch weiter und nennt die Voraussetzungen des gerechten Krieges, ohne daß dieser ein Religionskrieg zur
Verteidigung des christlichen Glaubens zu sein braucht. Mit modern

---

[113] LB. IV, 640 C; Klage des Friedens S. 79 f.
[114] LB. IV, 608 D.
[115] LB. IV, 608 E; es trifft daher nicht zu, wenn F. *Geldner*, S. 125, schreibt,
Erasmus habe niemals gewagt, zu erklären, daß Kriege den Christen grundsätzlich verboten seien.
[116] LB. IV, 607 C.
[117] LB. IV, 607 E.
[118] LB. II, 608 D.
[119] LB. V, 355 B; der Gesichtspunkt des Verteidigungskrieges kommt hier
nicht zum Tragen; im Vordergrund steht die religiöse Motivation zur Rechtfertigung eines Religionskrieges.
[120] LB. V, 356 D.

anmutender Klarheit schreibt er in der Paraphrase zum Lucasevangelium: „Der Krieg ist nicht völlig zu verurteilen, wenn er aus einem gerechten Grunde unternommen wird, das heißt zur Verteidigung der allgemeinen Ruhe, unter Umständen, die ihn unvermeidlich machen, wenn er durch fromm denkende Fürsten unternommen wird und mit Zustimmung derjenigen, für die er geführt wird, wenn er nach der allgemein anerkannten Weise verkündet[121] und auf eine gerechte und gemäßigte Art geführt wird, das heißt unter möglichst geringen blutigen Verlusten[122] und Opfern für jene, die zum Kriege keinen Anlaß geboten haben, und wenn der Krieg sobald wie möglich beendet wird[123]."

Um aber auch einen solchen Krieg bereits zu verhindern, entwickelt Erasmus eine Fülle von Ideen. Der Krieg soll gesetzlich verboten[124] und alle Rechtsansprüche, die Anlaß zu kriegerischen Handlungen geben könnten, außer Kraft gesetzt werden. Durch gegenseitige Sicherheits- und Garantieverträge müßten Kriege ebenso verhindert werden wie durch genaue Festlegung der Staatsgrenzen und eine gesetzlich geregelte Nachfolge in der Regentschaft. Ferner dürfe der Fürst einen Krieg nur mit Zustimmung des Volkes und zum gemeinen Nutzen beginnen[125]. Für den Fall, daß es dennoch zum Ausbruch eines Krieges kommen sollte, schlägt Erasmus ein internationales Schiedsgericht vor. Dieses soll aus kirchlichen und weltlichen Autoritäten bestehen[126]. Es gebe so viele Bischöfe und gelehrte Männer, durch deren Schiedsspruch die Streitigkeiten besser beigelegt werden könnten als durch Kriege[127]. Doch wurden diese Vorschläge ebensowenig berücksichtigt

---

[121] Vgl. hierzu das III. Haager Abkommen vom 18. Oktober 1907. Dieses verpflichtet die Vertragsstaaten, die Feindseligkeiten nicht zu beginnen ohne eine vorausgehende und unzweideutige Benachrichtigung.

[122] Vgl. hierzu die heutigen allgemeinen Grundsätze des Kriegsrechts nach der Haager Landkriegsordnung, nach der u. a. alle Kampfmittel verboten sind, die überflüssige Leiden oder Schäden verursachen, d. h. solche, die zur Niederwerfung des Gegners nicht notwendig sind (hierzu A. *Verdroß*, S. 442, W. *Wengler* II, S. 1394 ff.).

[123] Kap. 3 der 1523 *Heinrich VIII.* gewidmeten Paraphrase zum Lucasevangelium LB. VII, 312 F—313 A: Bellum . . . non omnino damnandum, si iusta de causa suscipiatur, hoc est, si pro defensione publicae transquillitatis, si sic ut vitari non possit, si per pios principes, si cum assensu eorum, quorum interest bellum suscipi, si legitimis ritibus indictum, si iustis ac moderatis rationibus geratur, hoc est, quam minima sanguinis humani profusione, si quam minima iactura eorum, qui bello causam non dederunt, . . . si cum primum licuerit, bellum finiatur.

[124] LB. IV, 608 F; vgl. hierzu das Gewaltverbot in Art. 2 der Charta der Vereinten Nationen.

[125] LB. IV, 608 F; 609 B; 637 E; Klage des Friedens, S. 64 f.

[126] LB. II, 966 C; IV, 609 B; IV, 636 B; Brief an *Franz I.* vom 1. Dezember 1523, Allen V, 352; Brief an Julius *Pflug* vom 20. August 1531, Allen IX, 318.

[127] LB. IV, 609 B.

wie seine Lehre vom gerechten Krieg. Seine hohen Erwartungen[128] wurden in neuen Kriegen tief enttäuscht. Die fortwährenden Machtkriege *Karls V.* gegen *Franz I.* innerhalb der Christenheit waren alles andere als gerechte Kriege im Sinne des Erasmus. Man wird daher in der Annahme nicht fehlgehen, daß der enttäuschte Erasmus in seinen späten Lebensjahren, als die Türken 1529 vor Wien standen, nicht gerade mit heißer Flamme seine 1530 erschienene Schrift „Consultatio de bello turcico" verfaßte[129], um zum Kampf gegen die Türken aufzurufen. *Liechtenhan*[130] ist darin zuzustimmen, daß sein eigentliches Anliegen ist, nicht den Türkenkrieg, sondern Buße zu predigen[131].

Betrachtet man die Gedanken des Erasmus zur Frage des gerechten Krieges insgesamt, so steht man vor der Frage, ob hier eine in sich geschlossene Lehre vom gerechten Krieg vorliegt, wenn ja, welchen Inhalts sie ist. Man erhält zuerst den Eindruck, daß es sich bei Erasmus um einen fanatischen Friedensprediger handelt, der den Untergang des Staates einem Kriege vorzieht. Viele seiner Bemerkungen legen diesen Schluß nahe. Manche Autoren haben denn auch diesen Schluß gezogen, allerdings zu Unrecht[132]. Die wirkliche Auffassung des Erasmus zur Frage des gerechten Krieges zeigt sich in der angeführten Paraphrase zum Lucasevangelium. Mit Klarheit und Zeitlosigkeit analysiert Erasmus hier die Voraussetzungen für die Zulässigkeit des gerechten Krieges[133]. Der Krieg ist als Verteidigungskrieg dann gerechtfertigt, wenn er zur Abwehr von Feinden erforderlich und angemessen ist[134] oder, wie es an anderer Stelle heißt, wenn man ganz schlicht in frommem Eifer den Angriff einfallender Barbaren abwehrt und für die

---

[128] Vgl. seinen Brief vom 26. Februar 1517 an den Baseler Professor W. F. *Capito* (Allen II, 487; Briefe S. 167 ff.), in dem er die Überzeugung äußert, daß die Mächtigen dieser Erde ihre Kriegsvorbereitungen aufgegeben hätten und nun ein Aufschwung von Moral, Frömmigkeit, Wissenschaft und Kunst beginne.

[129] LB. V, 352 ff.

[130] *Liechtenhan*, die politische Hoffnung des Erasmus und ihr Zusammenbruch, Gedenkschrift, S. 161.

[131] Vgl. dazu R. *Newald*, Humanismus, S. 253; H. *Treinen*, S. 158 Anm. 96, sowie die entsprechenden Ausführungen des Erasmus zum Türkenkrieg in der Institutio LB. IV, 610 D, E; Übersetzung bei H. *Treinen*, a. a. O.

[132] So etwa F. *Geldner*, S. 169 ff.: „Erasmus als Begründer des modernen Pazifismus"; „Erasmus, der in seinem doktrinären Pazifismus sich unfähig zu jeder objektiven Geschichtsbetrachtung erweist . . ."

[133] LB. VII, 312 F.

[134] Das entspricht der heutigen Lehre des westlichen Völkerrechts und der UN-Charta. Die nach der Charta zulässige Reaktion auf einen bewaffneten Angriff ist der Gebrauch des natürlichen Rechts (inherent right) zur individuellen und kollektiven Selbstverteidigung, die in Gegenmaßnahmen mit militärischer Gewalt bestehen kann (vgl. W. *Wengler* II, S. 1370). Demgegenüber gehören nach der sowjetischen Völkerrechtslehre zu den gerechten Kriegen neben den Verteidigungskriegen auch die sog. nationalen Befreiungskriege (*Koschewnikow*, S. 416).

Ruhe der Gesamtheit sein Leben einsetzt[135]. Es stimmt daher auch, wenn
Erasmus von sich selbst sagt, er sei für den gerechten Krieg und die
Abwehr der Barbaren eingetreten[136]. Man kann nach diesen Feststel-
lungen durchaus von einer in sich geschlossenen Lehre vom gerechten
Kriege sprechen.

Allerdings erhebt sich nunmehr die Frage, wie jene zahlreichen Stellen zu werten sind, in denen Erasmus sich mit Eifer für die Unzuläs-
sigkeit jeder Art von Krieg einsetzt. Zweck und oberstes Ziel aller politischen Schriften des Erasmus ist der Friede in der respublica christiana; er ist das absolute Ideal, das höchste Gut, das Glück des Staates,
das das goldene Zeitalter zurückbringt[137]. Daher soll die besondere
Sorge bei der Erziehung des Fürsten auch sein, ihn zum Frieden zu erziehen[138]. Das Ziel des Friedens zu erreichen sah Erasmus als seine we-
sentliche Aufgabe. Hier setzte er seine ganze Überzeugungskraft ein,
und er war ein guter Psychologe und Propagandist. Es ist bezeichnend,
daß seine Thesen, in denen die Möglichkeit eines gerechten Krieges
schlechthin verneint wird, sich in der Querela pacis und in der Institutio finden. Die erste war eine ausgesprochene Kampfschrift für den
Frieden, die zweite eine Schrift zur Erziehung des späteren *Karl V*.
Erasmus bringt an zahlreichen Stellen zum Ausdruck, daß er sich als
politischer Schriftsteller bewußt ist, welchen Schaden eine nicht zeit-
gemäße Wahrheit anrichten kann. Er durfte daher in seinen politischen
Kampf- und Erziehungsschriften die Möglichkeit eines gerechten Krieges nicht offen zeigen, derer sich gewissenlose Politiker seiner kriegerischen Zeit nur zu gern mißbräuchlich bedient hätten. Er schreibt selber: „.... zugestanden, es gibt einen gerechten Krieg, ... so wäre es
doch ein Gebot der Einsicht, ... Fürsten und Volk zu einer anderen
Überzeugung zu bringen .... Das Wohl des Nächsten geht über das
Recht des reinen Wahrheitsfanatismus[139]." Aus dieser Sicht ergibt sich,
daß nicht die Thesen in seinen Tendenzschriften die wirkliche Überzeugung des Erasmus vom gerechten Krieg erkennen lassen. Die Paraphrase zum Lucasevangelium mit der für uns entscheidenden Aussage
ist sicherlich keine politische Tendenzschrift. Ihr kommt daher ein
höherer Aussagewert zu.

Richtig verstanden zeigt sich Erasmus also durchaus als politischer

---

[135] LB. IV, 637; Übersetzung nach *Liechtenhan*, S. 45.
[136] *Allen* V, 163; VII, 452; LB. V, 354 A. In der Paraphrase zum Lucasevangelium macht Erasmus die Zulässigkeit der Verteidigung nicht davon
abhängig, daß der Angriff von Barbaren ausgeht. Danach ist auch die Verteidigung gegen angreifende Christen zulässig.
[137] Zutreffend F. *Geldner*, S. 131.
[138] LB. IV, 589 B.
[139] Vgl. H. *Treinen*, S. 159 mit Nachweisen.

Realist, dessen Aussagen über den gerechten Krieg sich als wohldurch-
dacht erweisen. Sie sind das Ergebnis tiefer Friedenssehnsucht, die in
christlicher Überzeugung sowie in politischer Vernunft wurzelt. Dieses
Streben war darauf gerichtet, die Einheit von Frieden und Gerechtigkeit in der tranquillitas seiner respublica christiana zu erreichen.

Daß ausgerechnet *Karl V.*, für den er die Institutio 1516 schrieb,
ihm dieses Streben noch vor seinen Augen vereitelt hat, ist nicht die
Schuld des Erasmus, sondern, wie *Stefan Zweig* es genannt hat, seine
Tragik.

V. Einfluß des Erasmus auf die Staatswirklichkeit seiner Zeit

Erasmus hatte seine Institutio für *Karl V.* geschrieben. Mehrmals hat der Kaiser dem Autor seine Anerkennung ausgesprochen und ihn schließlich zu seinem Rat ernannt. Überdies hat er aber auch tatsächlich den Ratschlägen des Erasmus sein Ohr geschenkt.

Erasmus hat seinen Einfluß vor allem 1530 auf dem Augsburger Reichstag geltend gemacht. Den Forschungen von *Marcel Bataillon* verdanken wir eine genaue Kenntnis der Ausbreitung des erasmischen Geistes in Spanien und seines Einflusses auf den Großkanzler *Gattinara*, einen der wichtigsten Berater *Karls V.* Spanisch-erasmischer Geist bestimmte daher die Forderungen *Karls V.* während der ersten und zweiten Epoche des Augsburger Reichstages. Er machte sich die religiösen Forderungen des Erasmus zu eigen und zeigte sich zu Beginn des Reichstages milde und konzessionsbereit. Erasmus, der zu dieser Zeit in Freiburg weilte, stand während des Reichstages mit allen vier Gruppen in Briefwechsel: mit *Melanchthon* als Führer der Lutheraner, mit den katholischen Ständen, dem kaiserlichen Hof und dem Kardinalslegaten *Campeggio* als päpstlichen Abgesandten. 44 Briefe der Korrespondenz mit diesen Gruppen sind erhalten, weit mehr sind gewechselt worden[1].

Alle Gruppen baten ihn um Rat, allen empfahl er Konzessionen und Kompromisse im Sinne der Toleranz. Bis auf wenige Artikel hatte sich die Kommission im Geiste des Erasmus geeinigt. Sein Geist beherrschte die beiden ersten Epochen des Augsburger Reichstages, bis in der dritten Epoche die Gegensätze unüberbrückbar wurden, der Reichstag jedoch trotz seines Mißerfolges insoweit ein „erasmisches" Ende fand, als ein Glaubenskrieg verhindert worden war[2].

Erasmischen Geist finden wir auch in der allgemeinen politischen Konzeption *Karls V.* Die Reichsidee *Karls V.* weist Züge der erasmischen respublica christiana auf. Wenn *Karl V.* sein Kaisertum als Aufgabe verstand, die Einheit des Glaubens im Innern der Christenheit, die Beschirmung der Christenheit gegen die von außen anstürmenden Ungläubigen und im ganzen die Sicherung und Ausbreitung des

---

[1] P. *Rassow*, S. 54.
[2] P. *Rassow*, S. 62.

christlichen Glaubens zu verwirklichen[3], so verfolgte er hier das erasmische Ziel der in der republica christiana geeinten abendländischen Christenheit. *Karl V.* schlug schließlich, um die Aufgaben der Christenheit durch gemeinsame Taten zu fördern, dem Papst einen großen allgemeinen Bund vor, den er als Kaiser, sein Bruder *Ferdinand* als Nachfolger im Kaisertum und der jeweilige Papst für immer bilden sollten[4]. Der Papst ist diesem, vom politischen Geist des Erasmus getragenen Ansinnen nicht gefolgt. Wie auf dem Augsburger Reichstag gingen auch hier im Ergebnis die politischen Realitäten über den staatsphilosophischen Idealismus des Erasmus hinweg. *Karl V.* ist in seiner großen Politik nicht den Forderungen der Institutio gefolgt. Erasmus hat es in seinen späteren Lebensjahren auch nicht versäumt, seine Enttäuschung über die kriegerische Machtpolitik *Karls V.* oftmals auszusprechen[5], nachdem er sein politisches Streben schließlich mißglückt sah. Seine persönlichen und politischen Freunde, *Thomas Morus* und *John Fisher*, Bischof von *Rochester*, starben 1535 den Märtyrertod für ihre politischen und religiösen Ideale. Erasmus selber, inzwischen kränklich und in seiner Arbeitskraft geschwächt, erlebte in seinen letzten Lebensjahren eine allgemeine Verschärfung der Gegensätze zwischen den Konfessionen. Am 12. Juli 1536 ereilte ihn der Tod, ohne daß er die Geschicke der europäischen Staaten hatte beeinflussen können.

---

[3] P. *Rassow*, S. 38.
[4] P. *Rassow*, S. 39.
[5] Brief vom 17. Dezember 1523 an *Franz I., Allen* V, 365. Brief vom 8. Februar 1524 an Willibald *Pirckheimer, Allen* V, 396, s. auch LB. I, 793 D.

VI. Fortwirken der erasmischen Staatstheorie

Hat Erasmus auch nicht die politischen Realitäten durch seine Forderungen zu beeinflussen vermocht, so hat seine Staatstheorie doch fortgewirkt und sich sein Geist als Vorläufer und Wegbereiter modernen Denkens späterer Jahrhunderte erwiesen.

Das 16. Jahrhundert war allerdings die Zeit schärfster Erasmuskritik. Von beiden konfessionellen Parteien wurde er verdammt, als gefährlicher und gottloser Spötter bezeichnet und sein Gelehrtenbild in dunkelsten Farben gezeichnet[6]. Was sein Staatsdenken betrifft, so bilden hier nur wenige Schriften wie die von ihm beeinflußte Utopia seines Freundes *Thomas Morus* (1516) eine Ausnahme, die etwa zur gleichen Zeit wie die Institutio und im engen Kontakt mit Erasmus zustande gekommen ist[7]. Beide verfolgten mit ihren Arbeiten die gleichen Ziele: Kritik an den Staats- und Gesellschaftszuständen; beide kamen in vieler Hinsicht zu übereinstimmender Kritik[8], jedoch mit dem Unterschied, daß *Morus* klarer erkannte, daß der Kampf um Frieden und um einen besseren Staat mit Worten allein nicht zu gewinnen war[9]. Erasmus und Morus schwebte vor, das staatliche Leben aus dem gemeinsamen Antrieb von Christentum und Antike zu erneuern[10]; beide widmeten sich den staatsphilosophischen Grundproblemen ihrer Zeit und zeigen dabei vielfach Übereinstimmung, zumeist nicht im Ergebnis, aber im Ziel und in der Methode[11].

---

[6] Nachweise bei A. *Flitner*, S. 46—90.

[7] Ohne solchen Kontakt entstanden die zeitgenössischen Staatstheorien von *Machiavelli, Oldendorp, Luther, Calvin* und *Budaeus;* sie alle mit dem Staatsdenken des Erasmus zu vergleichen, wäre Aufgabe einer selbständigen Untersuchung; die Forschungen von Guido *Kisch* über Erasmus und die Jurisprudenz seiner Zeit beleuchten nur einige Teilaspekte der Rechtsphilosophie, ohne die Staatsphilosophie zu erfassen. Einzelne Gesichtspunkte des Staatsdenkens *Machiavellis* und des *Budaeus* sind wiederholt dem des Erasmus gegenübergestellt worden, so bei E. *Cassirer*, Mythus, S. 170; F. *Geldner*, S. 157 ff., 160 ff.; W. *Maurer*, S. 28 ff.; F. *Meinecke*, Staatsraison, S. 31 ff.; A. *Salomon*, S. 238 ff.; C. R. *Thompson*, S. 191 ff.; H. *Treinen*, S. 191 ff.

[8] Die Gedanken des Thomas *Morus* sind oft mit denen des Erasmus verglichen worden. Hierzu H. *Oncken*, Einleitung zur Utopia, S. 10—45; ders. Nation und Geschichte, S. 373 ff.; H. *Ruegg*, Gedenkschrift, S. 69 ff.; H. *Brockhaus*, S. 70 ff.; *Geldner*, S. 153 ff.; C. R. *Thompson*, S. 191 ff.; W. *Maurer*, S. 26 ff.; E. *Bloch*, Bd. I, S. 600 ff.

[9] C. R. *Thompson*, S. 191.

[10] H. *Oncken*, Einleitung, S. 26.

[11] Dazu im einzelnen H. *Oncken*, Einleitung, S. 24 ff., S. 41 ff.

Das 16. Jahrhundert weist in Deutschland zwei Männer auf, die sich in ihrer Staats- und Fürstenlehre auf die Institutio des Erasmus bezogen und deren Gedanken auch in der politischen Praxis wirksam werden ließen. Der Jurist *Konrad von Heresbach* widmete dem Herzog *Wilhelm von Cleve,* dessen Söhne er erzog, 1570 seine Staats- und Fürstenlehre[12]. Er übernahm zahlreiche Forderungen des Erasmus, formulierte sie schärfer und zeitgemäßer und erteilte dem Herzog praktische Ratschläge. Die Schrift erreichte jedoch trotz stärkerer Prägnanz nicht das staatsphilosophische Niveau der erasmischen Schriften.

Eine weitere Fürstenlehre vergleichbarer Art ist nach *Geldner*[13] 1537 erschienen. Insgesamt vermögen beide Schriften nicht darüber hinwegzutäuschen, daß in der Staatslehre des 16. Jahrhunderts die Ideen des Erasmus keine Aufnahme fanden. Die staatsphilosophischen Köpfe dieses Jahrhunderts haben sie übersehen, zumindest sich nicht auf sie berufen. Die Erklärung hierfür dürfte in der erasmusfeindlichen Einstellung dieser Zeit liegen. Sie verhinderte, daß man die Werke des Erasmus unter dem Gesichtspunkt seines Staatsdenkens durchforschte.

Das änderte sich erst, als man sich seit dem Beginn des 17. Jahrhunderts, ausgehend von den Niederlanden[14], wieder auf die Werke des Erasmus besann und sich dem Erasmusstudium widmete. Im Mittelpunkt dieser Erasmusrenaissance stand *Hugo Grotius,* der sich selbst als unmittelbarer Nachfolger des Erasmus empfand[15] und ihn zutiefst verehrte[16]. Er hatte sich mit den gleichen Grundproblemen auseinanderzusetzen, die bereits Erasmus bewegt hatten: der Frage nach dem Ursprung und der Bedeutung des Naturrechts, nach dem Widerstandsrecht und dem gerechten Krieg.

Ebensowenig wie Erasmus sich als Reformer gegenüber dem Mittelalter abgrenzen läßt, ebensowenig ist *Grotius* mit seinen Ideen ein

---

[12] De educandis erudiendisque Principum liberis, Respublicae Christiana administrandam 1570.

[13] F. *Geldner,* S. 166; die Schrift war mir nicht zugänglich; es handelt sich um die 1537 in Marburg erschienene Fürstenlehre des Marburger Professors Reinhard *Lorichius.* Dieser nahm nach *Geldner,* a. a. O., auf die Institutio des Erasmus Bezug und bemühte sich, mit zahlreichen praktischen Ratschlägen *Erasmus* und *Machiavelli* zu vereinigen und auf diese Weise den deutschen Kleinfürsten handfeste Ratschläge für eine praktische Politik zu erteilen.

[14] Während des Dreißigjährigen Krieges wurde in Leiden die Institutio zusammen mit der Querela pacis neu gedruckt. Dem folgte 1634 in Basel eine deutsche Übersetzung der Querela pacis (W. *Kaegi,* Gedenkschrift, S. 209).

[15] J. *Spörl,* S. 351.

[16] Vgl. G. J. *De Voogd,* S. 179 ff.

absoluter Neuerer. Wie Erasmus suchte auch er nach einer Synthese der in jener Zeitwende aufeinanderstoßenden religiösen, kulturellen und politischen Ideen und Kräfte[17]. Er war Humanist wie sein Landsmann Erasmus, der Stoa verpflichtet, Weltbürger und europäischer Gelehrter mit dem Bestreben, die Staaten zu moralisieren und keine Staatsraison jenseits von Recht und Moral gelten zu lassen[18]. Er war von ausgeprägter Toleranz, heiß in dem erasmischen Bemühen, über die Abgründe der Religionskriege Brücken diesseits der Glaubensunterschiede zu schlagen[19]. Diese Brücke war für Erasmus wie für *Grotius* die Vernunft.

Diese Vernunft hat jedoch für *Grotius* einen anderen Ursprung als für Erasmus. Dieser Unterschied bedingt zugleich auch die Andersartigkeit des *Naturrechts* bei *Grotius*[20]. War für Erasmus die Vernunft noch Organ natürlicher Gotteserkenntnis im Rahmen der christlichen Lehre, so ist für *Grotius* die Vernunft „das Erkenntnisvermögen der den mathematischen Wahrheiten gleichstehenden Grundwahrheiten des sozialen Lebens"[21] und das Naturrecht dieser Vernunft entsprechend nunmehr auch und in erster Linie „Richtmaß zeitgenössischer Sozialordnung und ihrer allgemeinen Verkehrsgrundsätze"[22]. Demgemäß meint *Grotius*, das Naturrecht würde auch dann gelten, wenn es keinen Gott gäbe oder wenn er sich um die menschlichen Anliegen nicht kümmern würde[23], eine in die philosophia christiana des Erasmus nicht einfügbare These. *Grotius* ergreift auf diese Weise in der naturrechtlichen Antinomie zwischen göttlichem Willen und Vernunft klar für die Vernunft Partei[24], während für Erasmus diese naturrechtliche Streitfrage keine Rolle spielt, da für ihn Vernunft stets göttliche Vernunft ist, von der der göttliche Wille nicht abweicht. Trotz dieses Unterschiedes in der Idee des Naturrechts ist für beide Autoren die Vernunft sittliche Vernunft, ethisch durchstimmt und damit jeder jenseits von Recht und Moral stehenden Staatsraison abhold.

---

[17] E. *Wolf*, S. 259.

[18] F. *Meinecke*, Staatsräson, S. 247; W. *Kaegi*, Gedenkschrift, S. 211, bezeichnet Hugo *Grotius* als den größten Geistesverwandten und Schüler des Erasmus.

[19] H. *Welzel*, S. 127; A. *Verdroß*, Rechtsphilosophie, S. 112.

[20] Vgl. De iure belli, Prolegomena, § 16: Nam naturalis iuris mater est ipsa humana natura (Mutter des Naturrechts die menschliche Natur); § 12: Et haec iam alia iuris origo est praeter illam naturalem, veniens scilicet ex libera Dei voluntate . . . (daneben Gott als Quelle des Naturrechts); s. H. F. W. *Hinrichs*, S. 73).

[21] H. *Welzel*, S. 127.

[22] E. *Wolf*, S. 258.

[23] De iure belli, Prol., § 11.

[24] H. *Welzel*, S. 130.

In einem weiteren Punkt finden wir trotz der unterschiedlichen
Naturrechtslehre eine merkwürdige Übereinstimmung: in der Frage
nach der Möglichkeit eines Konflikts zwischen Naturrecht und positivem
Recht. Erasmus wie *Grotius*, beide trotz erlittenen persönlichen Un-
rechts, unterstellen in gleichermaßen unrealistischer Weise, daß ein
solcher Konflikt nicht eintritt, *Grotius* in dem Glauben an die Ratio[25],
Erasmus in dem Vertrauen in den christlich und gerecht denkenden
Gesetzgeber.

Die Bedeutung des *Widerstandsrechts* bei Erasmus erscheint klarer,
wenn wir sie mit der Widerstandslehre des *Hugo Grotius* vergleichen.
Beide Autoren stimmen darin überein, daß sie die Zulässigkeit eines
Widerstandes gegen die Obrigkeit grundsätzlich leugnen; Erasmus
begründet seine Auffassung mit den entsprechenden Lehren des Apostel *Paulus*, *Grotius* mit dem Gesellschaftsvertrag, durch den das Volk
seine Rechte auf den Herrscher übertragen hat[26]. Während Erasmus
bei dem absoluten Verbot des Widerstandes stehenbleibt, gestaltet
Grotius das Widerstandsrecht gleichsam zu einem Widerstandsverbot
mit Erlaubnisvorbehalt; er erkennt ein Widerstandsrecht nicht dem
Namen, sondern der Sache nach an, das er als Ausfluß der trotz des
Gesellschaftsvertrages zurückgehaltenen natürlichen Freiheit des
Volkes konstruiert[27]. Sein Verbotsprinzip wird durch sieben Rechtfertigungsgründe für einen Widerstand gegen die Obrigkeit durchbro-
chen[28]. Der wichtigste Teil des Widerstandsrechts ist jener, nach
welchem im Ständestaat die Stände dann ein Widerstandsrecht besitzen,
wenn der Fürst seine Zuständigkeit auf Kosten der Stände zu erweitern
sucht[29].

Die Fülle der Rechtfertigungsgründe führte jedoch trotz der grundsätzlichen Ablehnung des Widerstandsrechts zu einer solchen Unklar-
heit der Grenzen des Widerstandsrechts, daß durch die Lehre des
Grotius Rechtssicherheit und Stabilität der Staatsgewalt mehr gefährdet wurden als durch die Lehre derer, die ein Widerstandsrecht grundsätzlich bejahten. Der Vergleich der Lehre des Erasmus mit der seines
Landsmannes *Grotius* zeigt, daß beide, obwohl sie ein Widerstandsrecht grundsätzlich leugnen, zu entgegengesetzten Ergebnissen kommen.
Waren für Erasmus Frieden und Ruhe im Staat, die tranquillitas,
oberstes und ausnahmsloses Gebot, so hat sich *Grotius* in der Erkennt-

---

[25] E. *Wolf*, S. 287.

[26] De iure belli, Lib. I, cap. IV, § 7.

[27] K. *Wolzendorff*, S. 248, 254.

[28] De iure belli, Lib. I, cap. IV, § 7, VIII—XIV.

[29] De iure belli, Lib. I, cap. IV, § 7, XIII.

nis, daß die staatliche Wirklichkeit Fälle eines Rechts zum Widerstand zeigte, veranlaßt gesehen, sein Prinzip zu durchbrechen[30].

Wie in der Lehre vom Widerstandsrecht finden wir auch bei der Frage des Verhältnisses von *Gerechtigkeit* und *Frieden* im Staat und dem Problem des *gerechten Krieges* einen gemeinsamen Ausgangspunkt. Wie Erasmus war auch Grotius eine „im Grund irenische Natur, gewiß lebten in ihm noch die mittelalterliche Idee der Einheit von pax et iustitia und der Gedanke des Rechts als einer Friedensordnung"[31]. Beide bestritten trotz der Verurteilung des Krieges nicht die Möglichkeit eines gerechten Krieges. *Grotius* kannte die Schriften des Erasmus[32], und manche Gedanken des *Grotius* finden sich bereits bei Erasmus, ohne daß *Grotius* sich auf diese beruft.

Die moderne Völkerrechtsliteratur sieht in *Hugo Grotius* den Begründer der Idee des ius in bello[33]. Ihm wird die erstmalige Erkenntnis zugeschrieben, daß es auch im Kriege keinen rechtsfreien Raum gibt, sondern daß der Mensch auch im Kriegszustand „ein rechtlich-verpflichtetes, an sein Recht-Sein gebundenes Sozialwesen"[34] und der Krieg somit ein geregelter Kampf ist[35]. Es ist sicher richtig, daß *Grotius* als erster rechtlich-systematisch, wie es ihm als gelernten Juristen zukam, ein ius in bello entwickelt und dargestellt hat. Vergleicht man *Grotius* mit Erasmus, so ergibt sich, daß die Idee eines ius in bello bereits bei Erasmus in der Paraphrase zum Lucasevangelium enthalten ist[36], freilich nicht in der Form von Rechtsgrundsätzen oder Rechtsnormen, sondern bei Erasmus vorerst in jenen allgemeinen Grundsätzen, wie sie die christliche Ethik prägt. Wir finden hier jene häufige Erscheinung, daß philosophische Erkenntnisse zu einem späteren Zeitpunkt von rechtsgelehrter Hand in die Form normativer Rechtsregeln fortgeführt werden. Heißt es bei Erasmus noch „bellum non omnio damnandum ... si ... quam minima sanguinis humani profusione, si quam minima iactura ... cum primum licuerit, bellum finiatur"[37], so verdichtet sich dieser Satz bei Grotius zu dem kriegsrechtlichen Grundsatz „(licere in bello) quae ad finem belli sunt necessaria".[38] Eine umfassendere Untersuchung der Staats- und Rechtslehre des Grotius würde weitere Übereinstimmungen mit den Gedanken

---

[30] Vgl. K. *Wolzendorff*, S. 256.
[31] E. *Wolf*, S. 288.
[32] De iure belli, Prol. 29.
[33] Vgl. statt vieler F. *Berber*, Bd. 2, S. 23; E. *Wolf*, S. 288.
[34] E. *Wolf*, S. 288.
[35] De iure belli, Prol. 3 und 25.
[36] LB. VII, 312 F—313 A; vgl. S. 99, Anm. 123.
[37] LB. VII, 313 A.
[38] De iure belli, Lib. III, cap. I, § 2, I.

des Erasmus erweisen. Das ließe sich insbesondere bezüglich seiner Nationalstaatsfeindlichkeit, seiner societas inter populos[39], seiner Lehre von der sozialen Gerechtigkeit[40] sowie seiner Idealvorstellung eines humanistischen Vernunftstaates nachweisen. Hier mag für unsere Fragestellung nach dem Fortwirken der erasmischen Staatstheorie die Erkenntnis ausreichen, daß die Staats- und Rechtslehre seines Landsmannes *Grotius* auf jenen Fundamenten humanistischer Staatsanschauung ruhte, die Erasmus mit seiner philosophia christiana gelegt hatte. Wo das Staatsdenken des Erasmus aus der Situation seiner Epoche stehengeblieben war, dort hat es *Grotius* aufgenommen und fortgeführt, weniger als Theologe und Philologe, mehr als Jurist, weniger gehalten von der natürlichen inneren Frömmigkeit der Devotio moderna als durchdrungen von einem aufgeklärten Rationalismus, zu dessen weltlicher Ausprägung Erasmus noch nicht vorgestoßen war.

Zwanzig Jahre nach dem Tode des *Grotius* (1645) gab der Erasmuskenner und Pariser Geistliche *Claude Joly* eine gekürzte[41] französische Übersetzung der erasmischen Institutio heraus[42]. Dieser folgte bald eine umfangreiche Erasmus-Biographie desselben Autors. Das Werk ist nicht mehr aufzufinden, lediglich das Manuskript ist vorhanden[43]. *Joly*, der alle Werke des Erasmus siebenmal gelesen haben soll,[44] unterstreicht in dieser Schrift besonders jene Züge des Erasmus, die sein Staatsdenken so prägten: seine Friedensliebe und Toleranz, Ideen, die *Joly* von Erasmus in seine eigenen politischen Schriften übernahm[45].

Eine weitere Erasmusbiographie, verfaßt von dem Abbé *Jean Richard*, erschien etwa zur gleichen Zeit[46]. Auch er hebt wie *Joly* die genannten Eigenschaften des Erasmus als politische Prinzipien und markante Züge des Erasmus hervor. Anders als *Grotius* sind jedoch beide, *Joly* und *Richard*, nicht in der Lage, diese Gedanken staatsphilosophisch einzuordnen. Dennoch trugen ihre Schriften sicherlich

---

[39] De iure belli, Lib. II, cap. V, § 8—25.

[40] De iure belli, Lib. I, cap. I, § 3.

[41] Die Übersetzung ist auch wegen ihrer Ungenauigkeit kaum verwertbar.

[42] Codicile d'or, ou petit recueil tiré de l'institution du prince chrétien d'Erasme, Amsterdam 1665.

[43] Vgl. A. *Flitner*, S. 113 Anm. 41, der dem abenteuerlichen Schicksal der Handschrift nachgegangen ist. Sie trägt den Titel „Histoire de la renaissance des lettres dans la fin du XVe siècle et dans les commencements du XVIe, contenant les éloges de plusieurs sçavans de ce temps — là, et particulièrement la vie d'Erasme de Roterdam, qui eu a été le principal restaurateur, par M. Claude *Joly* . . .", entstanden um 1669; vgl. A. *Flitner*, a. a. O.

[44] Vgl. die Nachweise bei A. *Flitner*, S. 111.

[45] A. *Flitner*, S. 117.

[46] Jean *Richard*, Sentiments d'Erasme de Roterdam, conformes à ceux de l'eglise catholique, sur tous les points controversez, Köln, 1688.

dazu bei, das Interesse an den politischen Ideen des Erasmus und das Verständnis hierfür im 17. Jahrhundert zu stärken.

Den Höhepunkt dieser Erasmusrenaissance seit der Mitte des 17. Jahrhunderts bildet die von *Jean LeClerc* 1703 bis 1706 erstmals vorgenommene Sammlung und Herausgabe der gesammelten Werke des Erasmus[47].

Das 18. Jahrhundert brachte eine Fülle von Übersetzungen der Schriften des Erasmus. Die Colloquia, die Adagia und das Lob der Torheit wurden in zahlreiche europäische Sprachen übersetzt. Das Interesse an diesen Schriften war zumeist pädagogischer Art. Demgegenüber trat das staatsphilosophische und politische Interesse an den Schriften des Erasmus zurück. Hier konzentrierte sich die Aufmerksamkeit des 18. Jahrhunderts auf modernere Staatsdenker, neben deren modernen Theorien die Lehren des Erasmus allenfalls noch von historischem Interesse waren. Nach Übersetzungen der Institutio, der Querela pacis und anderer politischer Schriften sucht man in jener Zeit vergebens. Die Tatsache, daß es an solchen Übersetzungen fehlte, ist von großer Bedeutung, weil das 18. Jahrhundert die „Wendung zur sprachlichen Demokratisierung und damit zur Nationalisierung der europäischen Bildung" brachte, die der lebendigen Nachwirkung der lateinischen Texte des Erasmus das Ende bereitete[48].

Erst das Aufkommen des deutschen Neuhumanismus im ausgehenden 18. Jahrhundert führte auch in der Staatsphilosophie wieder zu einer engeren Berührung mit Erasmus.

In *Herders* Briefen zur Beförderung der Humanität treffen jene Elemente zusammen, die die Antike, das Christentum und der Humanismus vorgeformt hatten. Auch *Herder* erstrebt in Fortführung erasmischen Denkens einen vom Christentum geschaffenen friedenstiftenden Bund der Menschheit[49]. Er betrachtet das Christentum als die höchste allgemeine Menschenvernunft, die, wenn nicht zu einem ewigen Frieden, so doch zu einer Verminderung der Kriege führt[50]. Bei allen Unterschieden, die die Herdersche Humanität vom christlichen Humanismus des Erasmus trennen[51], bezieht er sich doch oftmals auf Erasmus[52] und verachtet wie dieser alle Formen von Gewalt und

---

[47] Über das Leben des Jean *Leclerc* und die Vorgeschichte der Leidener Gesamtausgaben: W. *Kaegi*, Gedenkschrift, S. 210 ff.

[48] W. *Kaegi*, Gedenkschrift, S. 205 f.

[49] *Herder*, Bd. 17, S. 301.

[50] *Herder*, Bd. 18, S. 268.

[51] Vgl. hierzu R. *Newald*, Humanismus, S. 29 f.

[52] Vgl. *Herder*, Bd. 17, S. 338.

Revolution. *Herders* Gedankengänge stimmen ganz mit der Querela pacis des Erasmus überein[53]. „So fordert er in allen Bereichen, also auch im staatlichen, eine „fortgehende, natürliche, vernünftige Evolution der Dinge"[54].

Was *Herder* im philosophischen Raum auf dem Boden des Humanismus vollzog, formulierte etwa zur gleichen Zeit *Wilhelm v. Humboldt* in unmittelbarer Bezogenheit auf den Staat. In seinen 1792 geschriebenen Ideen zu einem Versuch, die Grenzen der Wirksamkeit des Staates zu bestimmen, vereinigt er Ethik, Ästhetik und Staatslehre unter dem Vorzeichen der Humanität. Diese ganzheitliche Betrachtungsweise fanden wir in ihrer grundsätzlichen Anlage bereits bei Erasmus. Die Bedeutung der Freiheit und Bildung der Bürger ist beiden Autoren in gleicher Weise wichtig.

So schrieb *Wilhelm v. Humboldt:* „Der wahre Zweck des Menschen — nicht der, welchen die wechselnde Neigung, sondern welchen die ewig unveränderliche Vernunft ihm vorschreibt — ist die höchste und proportionierlichste Bildung seiner Kräfte zu einem Ganzen. In dieser Bildung ist Freiheit die erste und unerläßliche Bedingung[55]." Bei aller Übereinstimmung mit Erasmus in der Bedeutung von Freiheit und Bildung unterscheidet sich *Humboldt* von Erasmus darin, daß seinem Staat der Bildungsauftrag zugunsten der privaten Initiative entzogen und die Freiheit des Bürgers durch die engen Grenzen staatlicher Betätigung liberalistisch ausgestaltet ist. Der eigentliche Abstand zu Erasmus aber ist, wie *Newald* zutreffend festgestellt hat[56], dadurch eingetreten, daß die bei Erasmus noch im Mittelpunkt stehenden christlich-religiösen Elemente von den ästhetischen, ethischen und den vom Bildungsgedanken her bestimmten Elementen zurückgedrängt sind. Die respublica christiana des Erasmus fußte auf der humanitas erasmiana und der philosophia Christi, im neuhumanistischen Staat *Wilhelm v. Humboldts* ist der Begriff der Frömmigkeit ersetzt durch den Kunstenthusiasmus. So wird denn Erasmus in *Humboldts* Staatsschrift auch nicht mehr erwähnt, die Schwerpunkte sind verschoben, und das wesentlich Gemeinsame beschränkt sich auf die dem erasmischen Humanismus und dem *Humboldts* gleichermaßen eigenen Elemente der Freiheit und Bildung der Staatsbürger.

In die Mitte des 19. Jahrhunderts fällt das Wirken eines Staatsphilosophen, der trotz des Fehlens direkter geistiger Beziehungen zu

---

[53] R. *Newald*, Humanismus, S. 24.
[54] *Herder*, Bd. 18, S. 332; im gleichen Sinne Erasmus, LB. II, 109 E: Receptius est, quam ut convelli possit.
[55] Ideen, S. 21.
[56] R. *Newald*, Humanismus, S. 35.

Erasmus hier nicht unerwähnt bleiben darf. *Friedrich Julius Stahls* christliche Staatsphilosophie steht, obwohl sie aus einer völlig veränderten historischen und philosophiegeschichtlichen Situation erwuchs, in erstaunlicher Nähe der erasmisch-christlichen Staatsidee. Entsprang das Staatsdenken des Erasmus wesentlich aus der gegen die Glaubensverflachung gerichteten Devotio moderna, so war die christliche Staatslehre *Stahls* mit ihrem personalistischen und theistischen Weltverständnis als Antwort auf den hegelschen Rationalismus und den Liberalismus seiner Zeit zu verstehen. Beide waren in ihrer geschichtlichen Situation bemüht, einen neuen, von der christlichen Ethik durchdrungenen Staat, sei es als republica christiana, sei es als „sittliches Reich" im Sinne *Stahls*, zu entwerfen. Beide gelangten auf ihre Weise zu einem christlichen Obrigkeitsstaat, dessen Ursprung in der „göttlichen Institution"[57] und nicht in der Volkssouveränität zu suchen war[58]. Erasmus und *Stahl* gelangten, jeder aus seiner christlichen Philosophie, auf verschiedenen Wegen zum „monarchischen Prinzip", zum Positivismus und zur Ablehnung des Widerstandsrechts. Auch wenn sich die Übereinstimmungen zumeist auf den gemeinsamen Ausgang und das Ergebnis beschränken, wäre ein tiefergehender Vergleich der beiden Autoren schon deshalb von Interesse, weil Erasmus wie *Stahl* ihre Staatstheorien in Zeitwenden niederlegten, in denen die christlich-monarchische Legitimität fragwürdig wurde, bei Erasmus durch die erwachende Volkssouveränität, bei *Stahl* durch die Revolutionssituation des Vormärz. Doch würde eine Untersuchung an dieser Stelle über die Aufgabe hinausgreifen, das Fortwirken des erasmischen Staatsdenkens zu untersuchen. Die Feststellung mag genügen, daß *Friedrich Julius Stahl* zu jenen deutschen Staatsphilosophen gehört, deren Schriften man nicht lesen kann, ohne sich zugleich an die republica christiana des Erasmus erinnert zu fühlen.

----

[57] F. J. *Stahl*, S. 176.
[58] F. J. *Stahl*, S. 142.

VII. Zusammenfassung

Versucht man, das Staatsdenken des Erasmus einer zusammen-
fassenden Würdigung zu unterziehen, so stellt sich die Frage, wie
man die erasmische Verbindung antiken und christlichen Staatsdenkens bewerten soll: Ist Erasmus ein Vorläufer einer neuen Zeit,
der Religion und Vernunft noch nicht zu trennen wußte, oder liegt
sein Verdienst gerade in der Tatsache, daß er in der Lage war,
Glauben und Ratio, Mythos und Logos in seiner Staatstheorie zu ver-
knüpfen? Was *Gerhard Ritter*[1] grundsätzlich zur Bedeutung des
Humanismus festgestellt hat, gilt auch für die humanistische Staatstheorie des Erasmus: Auch ihre Erscheinung ist nur zu begreifen als
das Symptom einer geistesgeschichtlichen Wandlung. Nicht ohne Grund
gilt Erasmus dem einen als geistiger Vater des modernen Rationalismus, dem anderen als echter Vertreter der spätmittelalterlichen Ideen-
welt, dem einen als Vorläufer von *Grotius*[2], dem anderen als un-
politischer und naiver Geist[3]. So ist es nicht verwunderlich, daß Erasmus als Autorität für die verschiedensten politischen Gesinnungen
zitiert wird[4], was sicherlich darauf zurückzuführen ist, daß er kein
einheitliches Lehrgebäude seiner politischen Ideen errichtet hat[5][6].

Der Schwerpunkt der erasmischen Staatstheorie liegt im Geistigen
und Moralischen. Hier ist die Leistung des Erasmus darin zu sehen,
daß er vollendete, was das Mittelalter erstrebt hatte: Erasmus hat,
wie *Maurer* es genannt hat[7], das Christentum auf den Stand der
Reinheit, den es zur Zeit der Kirchenväter hatte, zurückgeführt, so
daß es sich wieder im Einklang mit den Gütern der antiken Geistes-
welt befand. Somit stand der natürlichen Sittlichkeit keine höhere
göttliche gegenüber, weil die natürliche und die christliche Sittlichkeit
identisch waren, ebenso wie die Vernunft mit dem göttlichen Willen
übereinstimmte. In diesem Sinn verstand er das Naturrecht, und so

---

[1] G. *Ritter*, Humanismus, S. 47 f.

[2] So ausdrücklich C. R. *Thompson*, S. 183.

[3] J. *Huizinga*, Erasmus, S. 136.

[4] So nimmt z. B. auch der sozialistische Humanismus ihn für sich in
Anspruch, vgl. W. *Girnus* u. a. S. 91, 93 f.

[5] A. *Flitner*, S. 135.

[6] Daher verbietet es sich, bei Erasmus von einer Staats l e h r e zu sprechen.

[7] W. *Maurer*, S. 20 f.

verstand er die Existenz und den Zweck seiner respublica christiana. Dieser Staat entstammte als christlicher Staat der mittelalterlichen christlichen Staatslehre, in die Erasmus antike Ratio und antike Formen einfügte, ohne daß dieser Staat seinen christlichen Charakter einbüßte. Das moralische Substrat, die Staatsethik, war daher christlich, wie es das Mittelalter längst kannte. So gelang es Erasmus, trotz Übernahme antiken Gedankengutes einen christlichen Staat zu entwerfen, an dem erstmals zwischen christlichen und antiken Elementen keine „Fugen und Nähte mehr sichtbar"[8] waren.

Wie bereits eingangs dargestellt, ist das ausgehende Mittelalter gezeichnet durch eine vermehrte Wertschätzung des Individuums. Wir finden bei Erasmus die für sein Zeitalter typische Erscheinung, daß die staatliche Obrigkeit einerseits und das Individuum andererseits auf Kosten aller Zwischenverbände zu den Schwerpunkten staatlichen Lebens werden, um deren Verhältnis zueinander sich alle Gegenstände bewegen[9]. Diese Entwicklung führt bei Erasmus auf der einen Seite zu einer verstärkten Staatsgewalt, die von der Zustimmung des Volkes weitgehend unabhängig und gegen die ein Widerstand unzulässig ist, auf der anderen Seite aus dem christlich-humanistischen Freiheitsgedanken und dem spezifisch humanistischen Bildungsgedanken zu einer Erhöhung des Individuums in seiner Würde und Freiheit. Aus dieser durch die Betonung des Individuums bestimmten Sicht ist der Staat des Erasmus nicht lediglich eine Beschreibung seiner Lebensvorgänge, sein Wesen nicht das Sein dieses Staates, sondern seine Aufgabe. Der Staat wird verstanden vom Menschen her und seiner Bestimmung. Nur in dem Lichte des erasmischen Menschenbildes wird das Wesen der respublica christiana als menschliche Gemeinschaft zur Wahrung von Frieden, Gerechtigkeit und Glückseligkeit erkennbar. Man kann daher seine Staatstheorie als eine anthropologische bezeichnen.

Weil Erasmus seinen Staat aus der Bestimmung und Verwirklichung seines christlichen Menschenbildes sieht, muß in seiner Staatstheorie die politische Ethik von hoher Bedeutung sein. Die Verwirklichung der dem Fürsten zukommenden Aufgaben, der Sorge um Frieden, Gerechtigkeit und Glückseligkeit (beatitudo), die Verfolgung des bonum commune sind sittliche Pflichten. Jegliches politisches Handeln ist sittlich gebunden. Diese bei Erasmus noch unerschütterte Idee zerbricht endgültig erst an der Volkssouveränität Rousseaus.

---

[8] W. *Maurer*, a. a. O.
[9] Vgl. *Gierke* III, S. 628.

8*

Dieses anthropologisch bestimmte Wesen des Staates muß die Existenz von Nationalstaaten überflüssig machen. Die respublica christiana des Erasmus erstrebt die Verwirklichung dieses Menschenbildes jenseits aller nationaler Ordnungen. Erasmus war daher zwangsläufig Kosmopolit und wird zu Recht als frühzeitiger Verkünder der Völkerrechtsidee erwähnt[10].

Für Erasmus, dessen Staat zu großen Teilen aus Aufgaben und Gesinnungen besteht, muß das Institutionelle von geringerer Bedeutung sein. Sein Mangel an institutionellem Denken ist in der Tat evident. Das hat man Erasmus mit Recht oft zum Vorwurf gemacht[11]. Insoweit gehört Erasmus sicherlich in jene Reihe der Staatsdenker von *Plato* bis *Rousseau*, die einen idealen Staat oder Fürsten konzipierten, ohne darzulegen, mit welchen organisatorischen und finanziellen Mitteln ihr Staat in einer konkreten politischen Situation verwirklicht werden konnte. Um so höher sind die Ziele im Bereich der Staatsethik gesteckt. Oft erscheinen die Forderungen des Erasmus unerreichbar und unrealistisch als Ausdruck eines idealisierenden Staatsdenkens. Insoweit besitzt die respublica christiana des Erasmus durchaus den Charakter einer Sozialutopie[12].

Mit dieser Feststellung ist indes kein negatives Werturteil über die erasmische Staatstheorie gefällt. Für sie gilt im gleichen Maße, was *Hermann Oncken*[13] über die Ideale der Utopia des *Thomas Morus* gesagt hat: „Bedarf doch aller Fortschritt im Staatlichen und Gesellschaftlichen, jede Reform höheren Stils des Sporns und Stachels eines wenn auch unerreichbaren Endzieles: Erst an dem Unbedingten entzündet die Reform das Feuer ihrer Worte, aus ihm entnimmt sie die Durchschlagskraft ihrer Argumente... Sie braucht also auch die absolute Theorie, mag dieser auch immer wieder ihre Undurchführbarkeit nach-

---

[10] C. R. *Thompson*, S. 183.

[11] Vgl. P. *Mesnard*, S. 136 f., der ausführt, die Staatstheorie des Erasmus sei abgestorben, weil sie zu theoretisch sei, zuwenig institutionelles Denken und zuwenig praktische Hinweise enthalte; H. *Treinen*, S. 173: „Gewiß kommt auch Erasmus nicht ohne institutionelle Formen aus. Aber nicht sie sind das Originale, hauptsächlich Angezielte, sondern deren Sinn, oder, wenn es sich um Personengruppen handelt, deren Gesinnung"; W. *Maurer*, S. 21: „Nicht das Institutionelle, sondern die dahinterstehende Gesinnung waren für ihn von Bedeutung. So war die friedliche Funktion des Staatswesens für ihn nicht eine Frage der Institution, sondern ein Führungsproblem."

[12] Utopie im Sinne Ernst *Blochs* als Hoffnung und Wunschbild (vgl. E. *Bloch*, Bd. I, S. 1 ff., 547 ff.).

[13] Einleitung zur Utopia, S. 44 f.; in ähnlichem Sinne auch G. *Ritter*, Humanismus, S. 61: „Bei uns hat sich der geistige Fortschritt immer wieder erst an dem Streit religiöser Ideen entzünden müssen"; C. *Schmitt*, Römischer Katholizismus, S. 23: „Zum Politischen gehört die Idee, weil es keine Politik gibt ohne Autorität und keine Autorität ohne ein Ethos der Überzeugung."

gewiesen werden, sie braucht die Ideale, um von ihnen in Atem gehalten zu werden . . ." In diesem Aufstellen von Idealen liegt das Verdienst der erasmischen Staatstheorie.

Das erasmische Menschenbild ist der Maßstab und Mittelpunkt dieser Staatstheorie. Diese politische Anthropologie vermag in ihrer christlich-humanistischen Ausgewogenheit auch heute noch einen Beitrag zur Wesensbestimmung des Staates zu leisten[14].

---

[14] s. hierzu U. *Scheuner*: Das Wesen des Staates und der Begriff des Politischen in der neueren Staatslehre, S. 255—258, der die anthropologische Staatsauffassung als humanistische Tradition und als das Wesen des Staates auch in der Gegenwart bezeichnet.

Literaturverzeichnis

I. Quellen

Erasmus von Rotterdam:

— Desiderii Erasmi Roterodami Opera omnia emendatiora et auctiora, . . . recognovit Joannes Clericus, Tomus I—X, Lugduni Batavorum 1703 bis 1706 (zit.: *LB.* mit Bandzahl und Seitenzahl).
— Opus epistolarium Desiderii Erasmi Roterodami denuo recognitum et actum per Percy Stafford Allen, H. M. Allen, H. W. Garrod, XI Bde., Oxford, 1906—1947 (zit.: *Allen* mit Bandzahl und Seitenzahl).
— Querela pacis undique gentium ejectae profligataeque, München 1961.
— Ratio seu Compendium verae Theologiae, Ausgewählte Werke, herausgegeben von Hajo Holborn, München 1933.
— Ausgewählte pädagogische Schriften (Bibliothek der katholischen Pädagogik, Bd. 8), Freiburg i. Br. 1896.
— Briefe, verdeutscht und herausgegeben von Walter Köhler, erweiterte Neuausgabe von Andreas Flitner, 3. Aufl., Bremen 1956 (zit.: *Briefe*).
— Klage des Friedens, unter Beigabe einer geschichtlichen Einleitung, übersetzt von D. Rudolf Liechtenhan, Bern 1934.
— Klage des Friedens, übertragen von A. von Arx, Sammlung Klosterberg, Basel 1945.
— Dulce bellum inexpertis, Texte édité et traduit par G. Remy et R. Dunil — Marquebreucq, Berchem — Bruxelles 1953.
— Übersetzung der Institutio principis christiani: Leo Jud, Eine nutzliche underwisung eines christlichen fürsten wol zu regieren . . ., Zürich 1521.
— Auszüge aus der Institutio principis christiani: Claude Joly, Codicile d'or, ou petit recueil tiré de l'institution du prince chrétien d'Erasme, Amsterdam 1665.
— Handbüchlein eines christlichen Streiters, übertragen und eingeleitet von Hubert Schiel, Olten und Freiburg i. Br. 1952.
— Enchiridion, Handbüchlein eines christlichen Streiters, deutsch von Werner Welzig, Graz — Köln 1961.
— Das Lob der Narrheit (deutsch), München 1918.
— Vertraute Gespräche (Colloquia familiaria). Übertragen und eingeleitet von Hubert Schiel, Köln 1947.
— Vom freien Willen, verdeutscht von Otto Schumacher, 2. Aufl., Göttingen 1956.
— Auswahl aus seinen Schriften von Anton Gaïl, Düsseldorf 1948.
— Auswahl und Einleitung von Friedrich Heer, Frankfurt a. M. — Hamburg 1962.

———

Aristoteles: Ethicorum Nicomacheorum libri 10 . . ., Oxonii 1828—1830.
— Aristoteles De re publica libri 8 (Politica), Berolina 1855.
Sancti Aurelii *Augustini:* De civitate Dei, I, II, Turnholt 1955.

von Bebenburg, Lupold: de Iuribus Regni et Imperii, Straßburg 1508.

Cicero: Marci Tulli Ciceronis scripta quae manserunt omnia . . . Lipsiae: Teubner 1851—1856.

Nicolai *Cusae:* Cardinalis Opera, Vol. I—III, Parisiis 1514, unveränderter Nachdruck Frankfurt a. M. 1962 (zit.: Nic. *Cus.* mit Bd. und Buchnummer).

Dante Alighieri: de Monarchia libri 3 . . . Vindobonae 1874.

Albericus *Gentilis:* de iure belli libri tres, Hanau 1612.

Grotius, Hugo: de iure belli ac pacis libri tres, . . . Lugduni Batavorum 1919.

Herder, Johann Gottfried: Sämtliche Werke. Hrsg. von Bernhard Suphan, Berlin 1877—1913.

v. Humboldt, Wilhelm: Ideen zu einem Versuch, die Grenzen der Wirksamkeit des Staates zu bestimmen, Breslau 1851, Nachdruck Stuttgart 1962.

Thomas *Morus:* Utopia, übersetzt von Gerhard Ritter, mit einer Einleitung von Hermann Oncken, Berlin 1922.

Guillelmus de Occam: Opera plurima, Lyon 1494—1496, réimpr. London 1962.

Marsilius von Padua: Der Verteidiger des Friedens (Defensor Pacis). Auf Grund der Übersetzung von Walter Kunzmann bearbeitet und eingeleitet von Horst Kusch, Berlin 1958.

Plato: Der Staat. Übersetzt von Friedrich Schleiermacher, 3. Auflage, Leipzig 1907.

S. *Thomae Aquinatis* Summa Theologica, Tomus I—VI, Nachdruck Turin und Rom 1940.

Divi *Thomae Aquinatis* De Regimine Principum ad Regem Cypri . . ., Nachdruck Turin und Rom 1948.

Divi *Thomae Aquinatis* Summa contra Gentiles Libri quatuor, Nachdruck Rom 1894.

Klassiker der Staatsphilosophie, Ausgewählte Texte, herausgegeben von Arnold Bergstraesser und Dieter Oberndörfer, Stuttgart 1962.

II. Darstellungen

Auer, A.: Die vollkommene Frömmigkeit des Christen nach dem Enchiridion militis Christiani des Erasmus von Rotterdam, Düsseldorf 1954.

Bainton, Roland H.: The Querela pacis of Erasmus, classical and christian sources, in: Archiv für Reformationsgeschichte, Jahrgang 42, 1951, S. 32 bis 48.

Barth, Karl: Rechtfertigung und Recht, München 1938.

Bataillon, Marcel: Erasme et l'Espagne, Recherches sur l'histoire spirituelle du XVIe siècle, Paris 1937.

Berges, Wilhelm: Die Fürstenspiegel des hohen und späten Mittelalters, Stuttgart 1952.

Bihlmeyer — Tüchle, Kirchengeschichte, 2. Teil: Das Mittelalter, 17. Auflage, 1962.

Bloch, Ernst: Das Prinzip Hoffnung, 2 Bde., Frankfurt a. M. 1959.

Brockhaus, Heinrich: Die Utopia — Schrift des Thomas Morus, Leipzig 1929.

Brunner, Otto: Land und Herrschaft, 4. Auflage, Wien — Wiesbaden 1959.
— Humanismus und Renaissance, in: Historia Mundi, Bd. 6, Bern 1958, S. 557 ff.

Burckhardt, Jacob: Die Kultur der Renaissance in Italien, Bd. 5 der Gesamtausgabe, Berlin und Leipzig 1930.

Cassirer, Ernst: Individuum und Kosmos in der Philosophie der Renaissance, 2. Aufl., Darmstadt 1963.
— Vom Mythus des Staates, Zürich 1949.

Constantinescu Bagdat, Elise: La Querela pacis d'Erasme, Paris 1924.

Dempf, Alois: Sacrum Imperium, Geschichts- und Staatsphilosophie des Mittelalters und der politischen Renaissance, Darmstadt 1954.

Dombois, Hans, und *Wilkens*, Erwin: Macht und Recht, Beiträge zur lutherischen Staatslehre der Gegenwart, Berlin 1956.

Eichmann — Mörsdorf: Lehrbuch des Kirchenrechts auf Grund des Codex Iuris Canonici, 10. Auflage, München, Paderborn, Wien 1959.

Elsener, Ferdinand: Gesetz, Billigkeit und Gnade im kanonischen Recht, in:
Tübinger Rechtswisschenschaftliche Abhandlungen, Bd. 9, Tübingen 1963, S. 168 ff.

Enthoven, Ludwig: Über die Institutio Principis Christiani des Erasmus, in: Neue Jahrbücher für das klass. Altertum, 24. Bd., Leipzig und Berlin 1909, S. 312—329.

Erdmann, Johann Eduard: Grundriß der Geschichte der Philosophie, Berlin — Zürich 1930.

Flitner, Andreas: Erasmus im Urteil seiner Nachwelt. Das literarische Erasmus-Bild von Beatus Rhenanus bis zu Jean LeClerc, Tübingen 1952.

Garin, Eugenio: Die Kultur der Renaissance, in: Propyläen Weltgeschichte, 6. Bd., Berlin, Frankfurt a. M., Wien 1964, S. 429 ff.

Gedenkschrift zum 400. Todestage des Erasmus von Rotterdam, Basel 1936.

Geldner, Ferdinand: Die Staatsauffassung und Fürstenlehre des Erasmus von Rotterdam, Berlin 1930.

Gierke, Otto von: Johannes Althusius und die Entwicklung der naturrechtlichen Staatstheorien, 5. Auflage, Meisenheim am Glan 1958.
— Das deutsche Genossenschaftsrecht, 3. Bd. (zit.: Gierke III), Berlin 1881.

Girnus, Wilhelm u. a.: Humanismus heute?, Berlin 1961.

Häfelin, Ulrich: Die Rechtspersönlichkeit des Staates, I. Teil: Dogmengeschichtliche Darstellung, Tübingen 1959.

Hassinger, Erich: Das Werden des neuzeitlichen Europa 1300—1600, Braunschweig 1959.

Heckel, Johannes: Lex charitatis. Eine juristische Untersuchung über das Recht in der Theologie Martin Luthers, München 1953.

Heckel, Martin: Summum ius — summa iniuria als Problem reformatorischen Kirchenrechts, in: Tübinger Rechtswissenschaftliche Abhandlungen, Bd. 9, Tübingen 1963, S. 240 ff.

Henkel, Heinrich: Einführung in die Rechtsphilosophie, München und Berlin 1964.

Hennis, Wilhelm: Amtsgedanke und Demokratiebegriff, in: Staatsverfassung und Kirchenordnung, Festgabe für Rudolf Smend, Tübingen 1962.

Heydte, F. A. v. d.: Die Geburtsstunde des souveränen Staates, Regensburg 1952.

Hinrichs, Hermann F. W.: Geschichte der Rechts- und Staatsprinzipien bis auf die Gegenwart in historisch-philosophischer Entwicklung, Bd. I, Leipzig 1848.

Hippel, Ernst von: Geschichte der Staatsphilosophie, I. und II. Bd., Meisenheim am Glan 1955, 1957.

Huizinga, Johan: Europäischer Humanismus: Erasmus, Bd. 78 der Reihe „Rowohlts deutsche Enzyklopädie", o. O. 1958.
— Herbst des Mittelalters, Deutsch von T. J. Mönckberg, München 1924.

Jacobs, Hans Haimar: Studien zur Geschichte des Vaterlandsgedankens in Renaissance und Reformation, in: Die Welt als Geschichte, XII, 1952, S. 85—105.

Jellinek, Georg: Allgemeine Staatslehre, 3. Aufl., 4. Neudruck, Berlin 1922.

Jongh, Adriana Wilhelmina de: Erasmus Denkbeelden over Staat en Regeerung, Amsterdam 1927.

Kaegi, Werner: Erasmus im 18. Jahrhundert, in: Gedenkschrift zum 400. Todestag des Erasmus von Rotterdam, Basel 1936, S. 205 ff.

Kantorowicz, Ernst Hartwig: The King's two Bodies. A Studie of mediaeval political theology, Princeton 1957.

Kaufmann, Erich: Studien zur Staatslehre des monarchischen Prinzips, Leipzig 1906.

Kern, Fritz: Gottesgnadentum und Widerstandsrecht im früheren Mittelalter, Münster / Köln 1954.

Kisch, Guido: Erasmus und die Jurisprudenz seiner Zeit, Basel 1960.

Köhler, Walther: Erasmus von Rotterdam als religiöse Persönlichkeit, in: Voordrachten gehonden ter herdenking van den sterfdag van Erasmus op 10 en 11 Juli 1936 te Rotterdam, 's — Gravenhage 1936.

Koschewnikow, F. I.: Völkerrecht, Akademie der Wissenschaften der UdSSR — Rechtsinstitut, verantw. Redakteur F. I. Koschewnikow, deutsche Übersetzung, Hamburg 1960.

Krause, Herrmann: Kaiserrecht und Rezeption, Heidelberg 1952.

Krüger, Herbert: Allgemeine Staatslehre, Stuttgart 1964.

Leibholz, Gerhard: Das Wesen der Repräsentation und der Gestaltwandel der Demokratie im 20. Jahrhundert, 2. Aufl., Berlin 1960.

Lindeboom, J.: Erasmus' Bedeutung für die Entwicklung des geistigen Lebens in den Niederlanden, in: Archiv für Reformationsgeschichte XLIII, 1952, S. 1—12.

Maurer, Wilhelm: Das Verhältnis des Staates zur Kirche nach humanistischer Anschauung vornehmlich bei Erasmus, Gießen 1930.

Meinecke, Friedrich: Einführung zu Niccolo Machiavellis „Der Fürst". Klassiker der Politik, 8. Bd., Berlin 1923.
— Die Idee der Staatsräson in der neueren Geschichte, 3. Aufl., München 1963.

Meissinger, Karl August: Erasmus von Rotterdam, 2. Aufl., Berlin 1948.

Mesnard, Pierre: L'essor de la philosophie politique au XVIe siècle, Paris 1936.

Mestwerdt, Paul: Die Anfänge des Erasmus, Humanismus und „Devotio moderna", Leipzig 1917.

Merzbacher, Friedrich: Europa im 15. Jahrhundert, in: Propyläen Weltgeschichte, 6. Bd., Berlin, Frankfurt a. M., Wien 1964, S. 373 ff.

Mitteis, Heinrich: Der Staat des hohen Mittelalters, 4. Aufl., Weimar 1953.

Newald, Richard: Probleme und Gestalten des deutschen Humanismus, Berlin 1963.
— Erasmus Roterodamus, Freiburg i. Br. 1947.

Oncken, Herrmann: Einleitung zur Utopia des Thomas Morus, Darmstadt 1964.
— Nation und Geschichte, Reden und Aufsätze 1919—1935, Berlin 1935.

Petraschek, Karl: Philosophie des Staates und des Völkerrechts, Zürich — Leipzig 1938.

Pineau, J.-B.: Erasme sa pensée religieuse, Paris 1924.

Pfeiffer, Rudolf: Humanitas Erasmiana, Leipzig 1931.

Pfister, Bernhard, und *Hildmann*, Gerhard: Widerstandsrecht und Grenzen der Staatsgewalt, Berlin 1956.

Pringsheim, Fritz: Bonum et aequum, in: Zeitschrift der Savigny-Stiftung für Rechtsgeschichte, Rom. Abt., Bd. 52 (1932), S. 78—155.
— Jus aequum und jus strictum, in: Zeitschrift der Savigny-Stiftung für Rechtsgeschichte, Rom. Abt., 42. Bd. (1921), S. 643—668.

Radbruch, Gustav: Rechtsphilosophie, 6. Aufl., Stuttgart 1963.

Rassow, Peter: Die politische Welt Karls V., 2. Aufl., München 1946.

Reibstein, Ernst: Johannes Althusius als Fortsetzer der Schule von Salamanca, Karlsruhe 1955.

Renaudet, Augustin, Etudes Erasmiennes, Paris 1939.

Ritter, Gerhard: Die kirchliche und staatliche Neugestaltung Europas im Jahrhundert der Reformation und der Glaubenskämpfe, in: Propyläen — Weltgeschichte, 3. Bd., Berlin 1941, S. 167 ff.
— Die geschichtliche Bedeutung des deutschen Humanismus, Neudruck Darmstadt 1963.
— Erasmus und der deutsche Humanistenkreis am Oberrhein, Freiburg i. Br., 1937.

Rothenbücher, Karl: Die Trennung von Staat und Kirche, München 1908.

Salomon, Albert: Democracy and Religion in the Work of Erasmus, in: The Review of Religion, Vol. XIV, 1949/50, S. 227 ff.

Salomon — Delatour, Gottfried: Moderne Staatslehren, Neuwied am Rhein und Berlin 1965.

Sauter, Johann: Die Entwicklung der abendländischen Staatsidee, in: Archiv für Rechts- und Sozialphilosophie, XXVII, 1933/34, S. 72 ff., 189 ff., 319 ff.

Scheuner, Ulrich: Das Wesen des Staates und der Begriff des Politischen in der neueren Staatslehre, in: Staatsverfassung und Kirchenordnung, Festgabe für Rudolf Smend, S. 225 ff., Tübingen 1962.

Schilling, Otto: Die Staats- und Soziallehre des heiligen Augustinus, Freiburg i. Br. 1910.
— Die Staats- und Soziallehre des heiligen Thomas von Aquin, 2. Aufl., München 1930.

Schmidt, Kurt Dietrich: Grundriß der Kirchengeschichte, 3. Auflage, Göttingen 1960.

Schmitt, Carl: Politische Theologie, 4 Kapitel zur Lehre von der Souveränität, 2. Ausgabe, München und Leipzig 1934.
— Römischer Katholizismus und politische Form, München 1925.
— Verfassungslehre, München und Leipzig 1928.

Siegfried, Walter: Untersuchungen zur Staatslehre des Aristoteles, Zürich 1942.

Spörl, J.: Hugo Grotius und der Humanismus des 17. Jahrhunderts, in: Hist. Jahrb. Bd. 55, Köln 1935.

Stadelmann, Rudolf: Vom Geist des ausgehenden Mittelalters, Halle a. d. S. 1929.

Stahl, Friedrich Julius: Die Staatslehre und die Prinzipien des Staatsrechts, 3. Aufl., Heidelberg 1856.

Stange: Carl: Erasmus und Julius II., Berlin 1937.

Störig, Hans Joachim: Kleine Weltgeschichte der Philosophie, 7. Auflage, Stuttgart 1950.

Thompson, C. R.: Erasmus as Internationalist and Cosmopolitan, in: Archiv für Reformationsgeschichte, Jahrgang 46, 1955, S. 167—195.

Thuerlemann, Ines: Erasmus von Rotterdam und Joannes Ludovicus Vives als Pazifisten, Freiburg / Schweiz 1932.

Tischleder, P.: Ursprung und Träger der Staatsgewalt nach der Lehre des hl. Thomas und seiner Schule, Mönchengladbach 1923.

Treinen, Hans: Studien zur Idee der Gemeinschaft bei Erasmus von Rotterdam und zu ihrer Stellung in der Entwicklung des humanistischen Universalismus, Saarlouis 1955.

Troeltsch, Ernst: Aufsätze zur Geistesgeschichte und Religionssoziologie, hrsg. von Hans Baron, Tübingen 1925.
— Die Soziallehren der christlichen Kirchen und Gruppen, Tübingen 1923.
— Trennung von Staat und Kirche, der staatliche Religionsunterricht und die theologischen Fakultäten, Tübingen 1907.

Verdross, Alfred: Abendländische Rechtsphilosophie, 2. Aufl., Wien 1963.
— Völkerrecht, 5. Aufl., Wien 1964.

Voogd, G. J. de: Erasmus en Grotius, Leiden 1947.

Welzel, Hans: Naturrecht und materiale Gerechtigkeit, 2. Aufl., Göttingen 1955.

Wengler, Wilhelm: Völkerrecht, 2 Bde., Berlin—Göttingen—Heidelberg 1964.

Wieacker, Franz: Privatrechtsgeschichte der Neuzeit, Göttingen 1952.

Windelband, Wilhelm: Lehrbuch der Geschichte der Philosophie, 15. Aufl., Tübingen 1957.

Wohlhaupter, Eugen: Aequitas canonica. Eine Studie aus dem kanonischen Recht, Paderborn 1931.

Wolf, Erik: Große Rechtsdenker der deutschen Geistesgeschichte, 4. Aufl., Tübingen 1963.
— Rechtsgedanke und biblische Weisung, Tübingen 1948.

Wolzendorff, Kurt: Staatsrecht und Naturrecht in der Lehre vom Widerstandsrecht des Volkes gegen rechtswidrige Ausübung der Staatsgewalt, Breslau 1916.

Zweig, Stefan: Triumph und Tragik des Erasmus von Rotterdam, Frankfurt a. M. 1958.

MIX
Papier aus verantwortungsvollen Quellen
Paper from responsible sources
FSC® C105338

Printed by Libri Plureos GmbH
in Hamburg, Germany